코로나19 바이러스
"친환경 99.9% 항균잉크 인쇄"
전격 도입

언제 끝날지 모를 코로나19 바이러스
99.9% 항균잉크(V-CLEAN99)를 도입하여 「안심도서」로
독자분들의 건강과 안전을 위해 노력하겠습니다.

본 도서는 항균잉크로 인쇄하였습니다.

항균잉크(V-CLEAN99)의 특징

- ◉ 바이러스, 박테리아, 곰팡이 등에 항균효과가 있는 산화아연을 적용
- ◉ 산화아연은 한국의 식약처와 미국의 FDA에서 식품첨가물로 인증받아 **강력한 항균력**을 구현하는 소재
- ◉ 황색포도상구균과 대장균에 대한 테스트를 완료하여 **99.9%의 강력한 항균효과** 확인
- ◉ 잉크 내 중금속, 잔류성 오염물질 등 **유해 물질 저감**

TEST REPORT

#1
-
< 0.63
4.6 (99.9%)주1)
6.3×10^3
2.1 (99.2%)주1)

Clean Zone

시대교육그룹

우리 아이
공부습관을 키워주는

언택트
학습코칭

생
인

머리말

언택트 학습코칭, 나는 언제부터 '언택트'라는 개념을 이해했었는지 되짚어보았다. 약 5년 가까이 아산 시의 학습 코치로 일하면서 사정상 담당 학생의 코칭을 지속하지 못했던 때가 있었다. 워낙 코칭을 잘 따라오던 친구였고, 또 이제는 혼자서도 계획을 잘 세우는 친구라고 생각했기 때문에 코치의 부재가 이 친구에게 큰 영향을 미칠 수 있다고는 전혀 생각하지 못했었다.

그러던 어느 날, 학생의 부모님으로부터 '코치 선생님이 없으니 아이가 공부를 하지 않는다.'라는 청천 벽력과 같은 전화를 받게 되었다. 공부 습관을 다 형성해줬다고는 하지만, 사실 학생의 '자립'을 도왔던 것은 아니었던 거다. 아마 이 때부터 '언택트 학습코칭'이라는 개념에 눈을 뜨기 시작한 것 같다.

사정상 학생 대면 코칭이 불가했고, 통화와 문자, 카카오톡 만으로 학생을 지도해야 했다. 시간이 나면 전화나 문자를 했다. 학생의 공부 진척도를 확인하고 계획을 잘 이행하고 있는지 확인했다. 당시 온라 인 코칭이 가능한 도구가 많이 없었기에 한정된 환경에서 최대한 학습코칭을 하고자 도우며, '아, 얼굴 을 보지 않고도 코칭이 가능하구나.'라는 사실을 깨달았던 것 같다.

그 후, 2020년에 들어오고 코로나19가 급격히 사회를 덮치면서 '언택트'는 뗄래야 뗄 수 없는 관계가 되었다. 심지어 '교육' 분야에도 '언택트 바람'이 불면서 교육계는 때 아닌 4차 산업 혁명을 급속하게 겪 고 있다. 하지만, 이 바람 속에 휘청이는 아이들이 있다. 시간이 제한되어 있던, 또 선생님의 감독이 있

던 학교를 벗어나 방향을 잡지 못하는 학생들을 어렵지 않게 볼 수 있다. 사실, 돌이켜보면 언택트가 세상에 도래하기 전에도 바쁜 일정으로 인해 대면 코칭이 부담스러운 친구들도 많이 있었기 때문에 이제 '언택트 학습코칭'은 미리 준비해야 하는 필수적 과정이라는 생각이 들었다.

이에, 아산시에서, 그리고 서울 각지에서 코치와 코치이로 만났던 수많은 학생들과의 시간을 글로 옮겨보았다. 실제 사용했던 양식과 언택트 적용 방법, 학생의 유형 등을 세세히 정리한 노하우를 이 책에 옮겨 담았다.

이에, 먼저 이 책을 내기까지 1부와 3부 집필을 끌어주셨던 김시형 선생님과 정재영 선생님께 깊은 감사를 표한다. 다년간 스마트스쿨이라는 그늘 아래서 학생을 만나게 해주었던 아산시 스마트스쿨은 물론, 나를 거쳐갔던 해지, 수진이, 충영이 등 수 많은 학생들에게도 감사를 표하고 싶다.

아직도 아산시와 같은 지방 소도시는 사교육 환경이 넉넉지 않아, 많은 사람의 적극적인 지원과 관리가 필요하다. 부디 이 책을 통해 지방에 사는 많은 친구들이 학업에 대한 의지와 자신감을 가질 수 있도록, 또 많은 어른이 아이들에게 충분한 학업의 기회를 주기를 바라본다.

2020년 09월 서미연

추천글

언택트 학습코칭
마음으로 연결하기, 이겨내기

**전 아산시
스마트스쿨
담당 교사,
현 온양 한올
고등학교 교사**
김 시 형 교사

최근 코로나 바이러스로 인해 많은 일들이 비대면으로 진행되고 있습니다. 비대면으로 진행되는 일이 많아지면서 기존에 꼭 만나서 해야 되는 줄만 알았던 일들이 알고 보면 인터넷을 통해 처리될 수 있었던 일들이 많습니다. 학습코칭 또한 그러한 경우 중 하나입니다. 학습코칭이라는 부분이 학생들과 직접 만나면서 학생들의 상태를 점검하고 더 열심히 공부할 수 있도록 이끌어주며 코칭을 하는 것이 지금까지 진행되었던 일반적인 학습코칭 방법이었습니다. 하지만 학습코칭 또한 인터넷이라는 수단을 통해 실제 대면하는 것과 비슷하게 학습코칭을 진행할 수 있다는 점입니다.

공부에 있어서 가장 중요한 것, 그리고 가장 먼저 가져야 하는 것은 바로 '하고자 하는 마음'입니다. 많은 학자들이, 그리고 교사와 부모들이 이 '하고자 하는 마음'을 고민해 왔습니다. 첨단 뇌과학과 인지과학에 기반한 과학적인 접근부터, 신묘한 기운이 있다는 곳을 찾아 치성을 드리는 아주 전통적인 노력까지, 갖가지 방법들이 이 '하고자 하는 마음'을 위해 동원되었지만, 아직 흡족한 묘수를 찾아내지는 못했습니다. 어떤 학생에게는 자극이 되어 열공으로 이끈 충고가 다른 학생에게는 좌절을 일으키기도 하고, 이건 정말 좋지 않다고 생각하는 방법이 누군가의 마음에는 불을 지르기도 합니다.

'묘수'는 묘원하지만, 그렇다고 방법이 아예 없는 것은 아닙니다. 어떤 학생이라도 마음을 다하여 이끌고, 한 발짝 한 발짝 내딛는 걸음마다 응원

하며, 이 다음 걸음은 어디를 딛어야 하는지 그 학생의 보폭에 맞는 흔들리지 않는 징검돌을 짚어주면서 이 일을 스스로 걸어갈 수 있는 순간까지만 '지속'한다면, 가능합니다. '하고자 하는 마음' 즉 동기와 의지는 부모님께 물려받은 DNA보다는 여러 가지 상호작용 속에서 만들어지는 습관에 가깝기 때문입니다.

2010년부터 2019년까지 10년 동안, 충청남도 아산에서는 이 '공부하는 마음'이라는 습관에 관한 일종의 실험이 진행되었습니다. 처음에는 여느 지자체에서 추진하는 것과 같은 지역의 상위권 학생을 위한 특별 프로그램으로 시작되었다가, 지역 학생들이 정말 공부를 잘하게 하는 방법은 뭐가 있을까, 고민하는 많은 공교육 선생님들의 노력 속에 학생들 한 명, 한 명의 마음을 그들의 공부 과정을 살펴보는 프로그램이 만들어졌습니다.

정규 교육과정이 아닌, 지자체의 특별 프로그램이라는 한계 속에서 많은 시행착오와 우여곡절을 겪었지만, 10년의 세월 동안 수많은 학생들과 나눴던 경험은 '공부하는 마음'을 만들고 그 마음을 발전시켜가는 방법에 대한 소중한 암묵지로 쌓였습니다. 10년을 이어온 프로그램이 종료되면서, 가장 걱정했던 것은 이 경험과 지식을 사장시키게 되지 않을까 하는 것이었습니다. 하지만 이 걱정은 이제 지나간 기우가 되었습니다.

지난 10년의 실험 초창기부터 대학생 학습코치로 인연을 맺기 시작하여, 마지막에는 학습코칭 컨설턴트로 프로그램의 발전 과정 전반에 함께 했던 저자가 이 책을 쓴다하여 참으로 다행이라 생각했습니다. 가장 적임자라 할 수 있는 사람이 그 일을 맡아 훌륭히 수행하는 모습을 바라보고 함께 할 수 있어서 즐거웠습니다. 함께하는 경험 자체도 그

렇지만, 이 책에서 풀어내고자 하는 '어떻게 이 코로나 팬데믹 상황에서 학생들의 학습을 이끌어 낼 것인가?'라는 문제는 특히 올해 학교에 재직하고 있는 모든 교사라면 인식할 수밖에 없는 문제이기에, 그 과정에 함께 할 수 있어서 보람있었습니다.

한 치 앞을 내다보기 힘든 시대입니다. 학생 개인에 대한 주목도가 커진 만큼 학생의 진로 희망 학습 성향 개별성에 맞춘 다양한 배려들이 그 어떤 시대보다 잘 갖춰져 있지만, 정작 학생들이 가장 원하는 답, '미래는 어떻게 될 테니, 너는 이걸 이렇게 하렴'에 대한 답은 줄 수 없는 시대입니다. 그래서 저는 제가 가르치는 학생들에게 진로에 관한 얘기를 할 때, 어른들의 말을 듣기보다는 자신의 깊은 곳에 있는 소리에 귀를 기울이라고 합니다. 미래를 알 수 없기에, 그럼에도 불구하고 미래를 만들고 살아갈 학생 자신 스스로가 가장 분명한 미래에 대한 단서라 생각하기 때문입니다.

이제는 누구나 말하듯, 답은 자신 스스로에게 있습니다. 수천년 전에도 그랬겠지만, 지금은 더더욱 그렇습니다. 학생들이 가진 답을 이끌어내는 방법 – 학습코칭은 그런 점에서 지금과 같은 팬데믹 시대에 유일한 교육적 대안이자 검증된 대안입니다. 보다 많은 선생님들과 학생들이 이 방법을 통해 팬데믹이라는 교육적 환란을 이겨냈으면 좋겠습니다.

추천글

언택트가 만드는
'지속 관리의 힘'

전 아산시
스마트스쿨 학습IT
코디네이터 정 재 영

지난 다년간 아산시 스마트스쿨에서 근무하며, 가장 많이 한 고민은 '어떻게 지속할 수 있을까'였다. 대면 학습코칭이 끝난 후에도 코치와 코치이가 지속해서 소통할 수 있는 방법에 대해 항상 고민하고, 또 고민했었다.

〈우리 아이 공부습관을 키워주는 언택트 학습코칭〉에서는 학습코칭을 처음 접하는 사람도 그 방향을 이해할 수 있도록 자세하게 소개하고 있다. 대면으로만 진행하던 라포 형성을 온라인으로는 어떻게 진행할 수 있을지, 어떤 질문을 통해 학생의 유형을 파악할 수 있을지 등에 대해 예시와 함께 소개하고 있다. 또한, 지난 10년간 아산시 스마트스쿨에서 오랜 기간 학습코칭을 진행하며 얻은 많은 노하우도 기재되어 있다. 그간 겪었던 다양한 시행착오와 결과물이, 이 책에 체계적으로 녹아있다고 생각된다.

이러한 노하우가 있어도, 한 학생의 습관을 잡는 학습코칭은 '대면'으로도 쉽지 않다. 아마, 온라인으로 진행해야 하는 학습코칭은 더욱 쉽지 않으리라 판단된다. 이에, 이 책에서는 그 방법을 소개하고 있다. 언택트 학습코칭을 위한 도구를 소개하고 있어, 컴퓨터를 능숙하게 다루지 못하는 코치, 선생님, 학부모님들도 쉽게 따라할 수 있도록 구성되어 있다.

또한, 온라인 학습코칭의 환경이 모두 다르기 때문에 비슷한 기능을 제공하는 여러 도구와 프로그램도 함께 소개하고 있다. 이에, 독자는 진행 환경에 맞춰 적합한 툴을 택하여 진행할 수 있다는 장점도 있다. 뿐만 아니라, 대다수 흔히 사용하는 클라우드 서비스, SNS 등과 같은 도구도 제공하고 있어, 익숙한 프로그램으로 어렵지 않게 코칭을 이어나갈 수 있을 것이다.

학습코칭, 단어가 생소한 만큼 진행 방법이나 방향에 대해 정보를 얻기 힘든 분들이 분명 많으리라 생각된다. 그렇기에, 코칭 방법과 온라인 도구 방법을 모두 소개한 〈우리 아이 공부습관을 키워주는 언택트 학습코칭〉은 모든 방면으로 '학습 코치'에게 큰 도움이 되리라 생각한다.

코칭성공후기

**사교육없이
학습코칭으로
영어 8등급 → 1등급
그리고 경희대학교
진학까지**

김*지

중학교 1학년 수학 시간에 미지수 x, y를 배우고 자퇴를 결심했습니다. 난생 처음 들어보는 x 미지수 개념이 제 상식에서 도저히 받아들일 수 없는 개념이었기 때문이었습니다. 그때의 저는 가정의 경제적 여건과 삶의 부정적 태도로 인해 진로의식이 많이 결여되어 있었습니다. 하지만 가정방문 때 담임 선생님의 '롤케이크 전략'으로 학교를 계속 다니게 되었습니다. 그러나 학교를 다니며 빈번한 학업 실패 경험으로 자신감이 점점 낮아졌고 미래가 불투명하고 암담했습니다. 이런 제가 꿈을 찾고 인서울 대학교에 들어갈 수 있게 발판이 되어준 것은 아산시에서 진행하는 스마트스쿨 '학습코칭'이었습니다. 학습코칭은 학습에 대한 학습 동기뿐만 아니라 결정적으로 인생을 바라보는 시각과 태도를 바꾸게 된 결정적 요인이었습니다.

중학교 2학년 때 시작한 학습코칭은 저에게 지옥이었습니다. 가장 충격적인 것은 의자에 50분 동안 엉덩이를 붙이고 '내용을 인식하기'였습니다. 50분 동안 앉아서 수동적으로 선생님의 말씀을 듣거나 생각 없이 멍 때리는 것이 아니라 능동적으로 지식을 머리에 집어넣는다는 것이 가장 충격이었습니다. 몸이 배배 꼬이고 뼈가 뒤틀리는 느낌이었습니다. 하지만 제가 도망갈 수 없었던 결정적 이유는 서미연 선생님 덕분이었습니다.

선생님은 결과에 대한 칭찬보다는 노력하는 과정을 칭찬하고, 좌절이 생기는 상황에서 이를 어떻게 해석하면서 어떤 방법으로 극복해야 할지 코칭 해주셨습니다. 또한 개인의 부족한 부분을 세세히 봐주시고 그것을 질책하는 것이 아닌 매 순간 용기를 주셨습니다. '좋은 대학을 가기 위해서는 치열하게 독하게 공부해야 해'가 아니라 '스스로 공부를 즐길 수 있어야 해'였습니다. 한 달 플랜, 주간 플랜, 일일 플랜으로 구체화시키며 매일 지겹도록 플래너를 썼습니다. 죽도록 지겨운 존재가 인생의 동반자가 될 사실도 모른 채로 오늘 할 일을 계획하고 수행하고 피드백을 반복했습니다. 학습 플래너를 통해 자신에 대한 정확한 이해와 학습능력을 바로 알고 그에 따른 적절한 학습 전략을 세우는 것이 가장 중요하다는 것을 깨닫게 되었습니다.

처음부터 "너는 남들보다 이해력도 부족하고, 암기도 잘 못하니까 2배 3배로 공부하자"가 아닌 내 능력에 맞는 계획을 세우도록 지도해 주신 것이 가장 기억에 남습니다. 그 과정에서 저는 학습의 생명인 지속성을 갖게 되었고, 어느 순간 '공부를 즐기고 있는' 학생이 되어있었습니다. 꾸준함은 2달 만에 영어 8등급에서 1등급으로 오르게 된 원동력이 되었습니다. 1~2년이 지난 후, 의자에 앉아있는 것도 힘들어했던 저는 누가 시키지 않아도 먼저 책을 펴는 학생이 되었습니다. 내 인생에 희망이라고는 없다고 생각했었지만 스스로에 대한 믿음과 자신감을 갖게 되었습니다.

나중에는 좋아하는 과목들도 생겨서 기뻤습니다. 가장 좋아하는 과목이 영어였는데, 영어 공부를 하면서 '단어 암기'가 가장 버거웠습니다. 처음에는 남들처럼 단어를 종이에 빽빽이 쓰거나 무작정 외우기만 했습니다. 무려 3시간 동안 끙끙대며 겨우 100개의 단어를 외웠고 다음 날엔 절반 이상을 까먹었습니다. 하지만 학습코칭을 통해 '나'라는 사람은 남들과 다른 학습방법을 써야 한다는 것을 깨달았습니다. 그래서 선생님께서 추천해 주신 '암기카드'를 이용해서 공부했습니다. 그 결과 40분에 100개의 단어를 가볍게 외울 수 있었습니다. 마치 유아기 아이가 글자 카드를 보고 외우는 것과 흡사했습니다. 저는 고등학생 1학년 때 국어를 무작정 외우기만 했습니다. 그래도 성적은 4~5등급을 넘지 못했습니다. 너무나도 절망적이었고 학습코칭 때 배운 학습 전략을 나에게 적용시켜보기로 결심했습니다. 그래서 유아처럼 학습해보려 했고 무작정 교과서에 간단한 그림을 그리며 기억에 잘 남도록 알록달록 기호화시켰습니다. 그 결과 예상치도 못하게 그 많은 그림들이 머리에 다 이미지로 저장되기 시작했습니다. 그림 그리기 공부 전략을 쓴 후 바로 100점으로 국어 전교 1등의 자리를 꿰차게 되었습니다. 저는 그렇게 공부 방법을 찾아가면서 자아를 찾아가고 제 꿈을 향해갔습니다.

자기주도 학습을 전제로 코칭 선생님과 지속적인 학습 활동을 통해 제 자신이 잠재적 가능성을 갖춘 사람이라고 처음 생각했습니다. 매사에 부정적인 태도에서 긍정적인 태도로 바뀌었고 도전을 두려워하지 않게 되었습니다. 학습 계획을 조절하는 과정에서 한 개인으로서 존중받고 심리적으로 지지 받으면서 에너지를 얻었습니다. 선생님과 학습적인 상호작용으로 동기를 부여받는 과정에서 지속적인 학습에 큰 영향을 받았다고 생각합니다(제 험난한 청소년기를 잘 이끌어주신 최고의 멘토 선생님께 감사합니다. 끊임없이 용기를 주시고 인생의 멘토가 되어주셔서 정말 감사하다는 말씀을 드리고 싶습니다).

목차

1부 코로나와 학습코칭 :
코로나 학습격차를 넘기 위해 학습코칭이 필요한 이유

LESSON 01 팬데믹 속에서 공부하기   4

LESSON 02 공부를 어떻게 하게 할까?   7

LESSON 03 코로나 학습 격차를 줄이는 방법으로서의 학습코칭   10

2부 언택트 학습코칭의 방법

LESSON 01 **라포 형성 및 진단의 6단계** 22

　　언택트 코칭 카카오톡으로 첫 만남하기 23

　　1. 1단계 Why – 코칭 신청 이유 25

　　2. 2단계 Who – 학습자 파헤치기 33

　　3. 3단계 When – 공부 시간 분석 40

　　4. 4단계 Where – 학습자의 위치 확인하기 43

　　5. 5단계 What – 코칭 목표 정하기 45

　　6. 6단계 How – 코칭 서약서 작성하기 48

LESSON 02 **학습자 진단을 위한 13가지 질문** 52

　　언택트 코칭 구글 문서도구와 줌으로 진단하기 55

　　1. 공부스타일 A – 읽기/쓰기 vs 듣기/말하기 57

　　2. 공부 의지와 목표 59

　　3. 학습 계획 수립 63

　　4. 공부 스타일 B – 계획/노력형 vs 유연/천재형 64

　　5. 공부 스타일 C – 자율 vs 통제 66

　　6. 공부 스타일 D – 개념 우선 vs 문제 우선 68

　　7. 선호 공부 시간 69

　　8. 공부 스타일 E – 단체 여행형 vs 자유 여행형 71

　　9. 오답 정리 여부 72

　　10. 방향에 대한 확신 73

목차

LESSON 03 동기 관리   74

1. 동기 관리의 시작   75

2. 칭찬하기   81

3. 공부 자극 제시   84

`언택트 코칭` 유튜브를 활용해 공부 자극 제시하기   84

4. 일상 관리   93

`언택트 코칭` 네이버 밴드로 일상을 관리하기   93

LESSON 04 가이드와 피드백   101

1. 기간별 코칭 방법   101

2. 과목별 코칭 방법   119

`언택트 코칭` 잼보드로 과목별 코칭하기   119

3. 공통 관리법   125

`언택트 코칭` MS 오피스로 학습 코칭 양식 관리하기   125

`언택트 코칭` 행아웃으로 캠스터디하기   135

3부 언택트 학습코칭 도구

LESSON 01 화상통화 프로그램   138

  1. 행아웃   140

  2. ZOOM(줌)   145

LESSON 02 클라우드 서비스   154

  1. 구글 문서도구   157

  2. MS 오피스(웹)   166

LESSON 03 카카오톡   172

LESSON 04 소셜 네트워크 서비스   182

  1. 네이버 밴드   183

LESSON 05 디지털 화이트보드   197

  1. 잼보드   198

우리 아이
공부습관을 키워주는

언택트
학습코칭

1부

코로나와 학습코칭

: 코로나 학습격차를 넘기 위해 학습코칭이 필요한 이유

LESSON 01

팬데믹 속에서 공부하기

"과거 한국전쟁 때에도 교사들은 천막교실을 세워 교육을 이어갔습니다."

2020. 5. 15. 교육부 장관 및 교원단체 대표자 오찬 간담회에서 조영종 교총 수석부회장의 발언이다. 코로나로 인해 개학이 한 주씩 계속 연기되다, 온라인 개학이라는 초유의 상황을 맞이하게 되었다. 등교 개학을 해야 하느냐 의견이 분분할 때, '전쟁의 포화 속에서도 운영되었던 학교'가 언급되었다. 계속되는 팬데믹 위기 상황에서 등교 개학의 불가피성을 이야기하기 위해 쓰인 이 표현대로 등교 개학은 이루어졌지만, 인구수가 많은 수도권에서는 등교개학 이후로도 전교생이 등교하는 정상적 학사 운영이 이루어지지 않았다. 그나마 전교생이 등교했던 수도권 이외 지역에서도, 8월 중순부터 시작된 2차 대규모 전파 위기 속에서, 온라인 수업과 등교 수업이 격주로 이뤄지게 되었다.

'전쟁의 포화 속에서도 운영 되었던 학교', 팬데믹 속에서 길을 잃다.

위기 상황이 해제되어 전교생 등교를 한다고 해도, 언제 다시 온라인 수업으로 전환될지 모르는 상황, 바로 한 주 뒤를 계획하기 어려운 불안정한 상황 속에서 학교는 소리 없이 앓고 있다. 사회적으로 더 긴급하고 어려운 분야가 많은 상황이라 큰 소리를 내진 못하고 있지만,

학교에 누적되고 있는 스트레스는 여러 가지로 심각하다. 그리고 그 가운데 가장 심각한 문제로 학생들의 학습격차 폭증이 있다.

상위권 학생들은 자기주도 학습 역량이 중요한 온라인 수업 상황에서도 잘 적응한다. 잘 적응할 뿐만 아니라, 불필요한 시간 낭비를 줄이고 거기에 더해 사교육의 지원까지 받으면서 실력이 더욱 더 높아져 간다. 하지만 자기주도 학습 역량이 부족한 중위권 이하 학생들에게 온라인의 수업 상황은 어렵기만 하다. 여기에 사교육 투자나 학부모의 학습 관여와 같은 환경적 변수까지 덧붙여지면서 중간층은 점점 사라지고 상위권과 하위권만 존재하는 성적 양극화가 심화되고 있다. 이러한 학습 양극화 속에서 치러진 1학기 시험에서, 많은 학교들은 80점대 4등급과 30점대 5등급이 나타나는 현상을 목도했다. 동일한 시험을 놓고 30%의 학생들이 80점 이상을 받을 때, 절반이 넘는 학생들은 채 40점도 넘기지 못한 극단적인 쌍봉형의 성적 분포가 나타난 것이다.

팬데믹이 드러낸 학습격차 문제

하지만, 학습격차 문제는 이전부터 존재해왔다. 일반고의 슬럼화 문제도 본질은 학습격차의 문제이며, 저출생 현상의 원흉으로까지 지목되는 사교육비 문제도 바탕에는 학습격차 문제가 깔려있다. 충분한 자원과 주변의 큰 관심을 받고 성장한 학생과 그렇지 못한 학생, 소위 수저론으로도 불리는 환경의 격차가 엄존하고, 이는 학습격차로 나타날 수밖에 없다. 그동안 이 학습격차의 문제가 크게 부각되지 않았던 것은, 학교가 그 격차를 잘 메웠기 때문이 아니라, 격차가 드러나는 것을 학교가 잘 가리고 있었다고 하는 편이 옳다. 물론, 학교 현장의 부단한 노력이 조금이나마 격차를 완화시키기도 했다. 어려운 환경에서 열심히 하는 학생에게 보다 더, 무엇이든 해주고 싶어 하는 일선 교사들의 하나같은 마음은 많은 곳에서 헌신적인 열정과 그에 따른 미담으로 나타나기도 했다. 그러나 그러한 사례들은 거꾸로 노력에 대한 의지조차 배우지 못한 다른 많은 학생들에 대해 낙인을 찍는 효과를 낳았다. 환경의 격차는 가려지고, 손을 뻗으면 얻을 수 있는 도움도 구하지 않는 의지의 격차만이 부각되게 된 것이다. 그러한 점에서 코로나 팬데믹은 격차를 가리고 있던 학교를 치우고, 그 격차에 직면하도록 한 것이라 할 수 있다. 더 이상 '손을 뻗지 않았기 때문이다.'라고 말할 수 없는

안심Touch

상황이기에 학생들이 놓인 환경이 오롯이 드러나게 된 것이다.

팬데믹이 보여주고 있는 격차 사회의 모습은 팬데믹 상황만큼이나 막막하고 우울하다. 마찬가지로 학습격차 현상도 막막하다. 학습격차의 첫 번째 원인이 학생 환경의 격차라는 것은 모두가 알고 있는 사실이지만, 이것은 '코로나 바이러스 감염증은 코로나 바이러스로 인한 것이다.'라고 말하는 것만큼이나 무의미한 이야기다. 코로나 바이러스 감염증의 전파를 막기 위해 마스크를 쓰고 사회적 거리두기를 하는 것처럼, 또 팬데믹의 종식을 위해 수많은 이들이 밤낮 없이 백신과 치료제를 연구하고 있는 것처럼, 우리에게는 학습격차 문제를 해결하기 위한 정확한 진단과 처방이 필요하다. 그리고 그 중에서도 비대면 수업 상황에서 학습에 어려움을 겪고 있는 중하위권 학생을 위한 진단과 처방이 필요하다. 그들이 왜 공부를 어려워하는지, 또는 하고 싶지 않아 하는지.

공부를 어떻게 하게 할까?

교육훈련이라는 말이 있지만, 이는 현상적으로만 유사할 뿐 전혀 다른 두 가지 개념을 단순 접합 시켜놓은 것에 불과하다. 훈련이 강제적으로 시킬 수 있는 성격의 것이라면, 교육은 그렇지 못하다. 교육을 단순한 행동변화가 아니라 일종의 성장을 이끌어내는 것이라 했을 때, 그 행동변화는 당사자 스스로에게서 일어나야 하는 것이기 때문이다. 물론 보상과 처벌과 같은 방법을 통해 스스로 행동변화를 넘어선 성장을 원하게 할 수도 있고, 이럴 경우에도 교육은 이루어진 것이라 보아야할 것이다. 하지만, 여기서 보상·처벌과 같은 방법은 강제적인 수단과 전혀 다르다. 보상·처벌을 통해 몸을 직접적으로 움직이게 하는 것이 훈련이라면, 교육은 보상·처벌을 통해 마음을 움직이게 하고, 그 마음이 몸을 움직이도록 하는 것이라 할 수 있다.

공부의 시작은 마음먹기, 그 마음을 어떻게 먹게 할까

교육이 이끌고자 하는 '공부'도 마찬가지다. 당연하게도 공부의 출발점은 마음먹기다. '공부하기를 마음먹는 것' 즉 '학습동기'는 학생을 마주해본 대부분의 이들이 말 하듯, 학습을 위한 결정적 조건이자 50% 이상을 결정짓는 요소라 할 수 있다. 아니 50% 이상이라 할 수도 있을 것이다. 수많은 자기개발서와 학습법 책들, 나는 이렇게 공부해서 성공했다 류의 책들 그리고 많은 위인들에 대한 전기가 언급하듯 의지가 충분히 강하다면 그래서 꾸준히 노력한다면 성공은 당연한 결과일 테니 말이다. 하지만, 인간의 의지는 어떤 선언문과 같이 한편의 확고한 글귀로 새겨놓아 그대로 유지되는 것이 아니라, 순간순간 환경과 되먹임을 하며 변화하는 유기체인 인간의 뇌 활동이다. 즉, 수많은 성공한 이들의 이야기는 '어떤 계기'로 갖게 된 의지가 '어떤 적절한 피드백' 속에서 유지 · 강화 되어서, 노력을 할 수 있게 되고, 그 노력 역시 '어떤 적절한 피드백'으로 인해 꾸준히 지속되게 되었다는, '어떤 운'이란 요소를 의도적이든 의도적이지 않든 간과하고 있다. 다행히도 많은 심리학적 · 교육학적 연구를 통해 학습 동기 또는 성취동기에 대한 발견이 이루어져왔다. 여기에서는 우선 공부의 출발점이며, 공부를 이끌어내는 것의 출발점이기도 한, 학습동기 · 성취동기에 대한 몇 가지 이론과 시사점을 검토해본다.

사회학습이론으로 유명한 앨버트 반두라는 '관찰학습'과 '모델링'이라는 개념을 통해 학생들이 학습 동기를 갖는 과정에 대한 힌트를 제공했다. 인간의 사회적 행동 대부분은 사회적 맥락 속에서 타인의 행동을 관찰하고 모방한 결과 일어난다는 사회학습이론을 '공부'라는 사회적 행위에 대해 적용해보자.

우리나라의 학생들은 연필을 잡을 수 있는 나이서부터 '공부 하라'는 직접적인 지시나 '공부를 잘 해야 착한(좋은) 아이'라는 규범 제시 등등 공부를 지시하는 수많은 '말' 속에서 살게 된다. 하지만 아이러니하게도 실제 '공부를 하는 모습'을 보여주는 사람은 모델이 되기에 어려운 자신의 또래에 국한된다. 공부에 관한 '말'을 가장 많이 하는 부모나 교사가 '공부를 하는 모습'을 보여주기가 용이하지 않다는 현실은 충분히 이해할만 하지만, 사회학습이론의 관점에 비춰볼 때 이는 학생의 동기 형성에 있어 좋지 않은 상황인 것도 분명하다. 즉 "Do as I say and not as I do(내 행동이 아닌 내 말을 따라라)"의 위선적 상황으로 보일 가능성이 매우 크며, 반두라의 제자들이 후속 연구에서 밝힌 것처럼, 학생들은 위선적 행위도 모델링하고 학습한다.

긍정심리학의 창시자 마틴 샐리그먼은 그의 제자 앤젤라 더크워스와 "규율이 재능을 압도한다."라는 결론을 내리며, 성취동기의 힘을 증언하였다. 앤젤라 더크워스는 유명한 그의 베스트셀러 〈그릿(GRIT)〉에서 재능이나 단편적인 성적, IQ와 같은 것보다 인생의 성공을 좌우하는 열쇠는 '열정적 끈기' 또는 '불굴의 정신'으로 번역되는 '그릿(grit)'에 있다고 말하며, 이

그릿은 환경과 상관없이 갖고 있는 특출난 개인도 있지만, 많은 경우 사회·문화적 맥락 속에서 집단 속에서 습득된다고 주장한다.

즉, 어떤 학생이 학업적으로 성공하는데 있어서는 지능이나 경제적 지원보다 학생 자신의 성취동기 – 열정적 끈기 또는 불굴의 정신이 더 중요한데, 이것을 학생이 습득하고 발현할 수 있게 하는 것은 다시 대개의 경우 어떤 문화의 집단 속에서 성장하느냐, 또 어떤 대상과 모델리의 관계를 갖느냐 하는 데 있다는 것이다.

조직 심리학 분야의 저명한 학자인 에드윈 로크(Edwin A. Locke)와 게리 라담(Gary Latham)은 목표설정이론(Goal-setting theory)을 통해 "구체적이고 도전적인 목표가 성취동기를 높여준다."는 명제를 증명하며 학생들의 동기 향상을 위한 또 하나의 지침을 제공해주었다. 목표가 구체적이라는 점 자체가 내부적인 자극으로 동기를 이끌어낸다는 것으로, 이 이론에 따르면 구체적인 목표는 행동의 방향을 결정하게 해주고, 노력을 이끌어내고, 노력을 유지하게 해주고, 목표 달성을 위한 전략을 고민하게 만들어준다. 또한 목표뿐만 아니라 하위목표와 실행계획, 즉 그 목표를 달성하기 위해서 언제, 어디서, 무엇을 어떻게 해야 하는지를 규정하는 계획도 함께 설정할 때, 작업에 보다 몰두하게 되며, 제시간에 목표를 완수할 가능성도 증가한다. 즉 학생들이 과제를 수행해가는 과정에서 대입이나 이번 학기의 내신 성적과 같은 먼 훗날의 목표보다는 즉각적인 목표 예컨대 오늘 해야 할 단어 암기 등에 초점을 맞출 때 자신의 기분과 동기를 가장 잘 유지하게 된다는 것이다.

정리하자면, 공부는 강제로 시킬 수 있는 성질의 것이 아니다. 그래서 공부는 그 무엇보다 먼저 '하고자 하는 마음'이 필요한데, 이 하고자 하는 마음 즉 '학습 동기'는 학생이 처한 사회적 맥락 속에서 만들어진다. 그리고 이 '학습 동기'를 열정적 끈기를 가지고 유지하는 것 역시 학생의 관계 맺고 있는 집단과 사람들의 문화적 맥락 속에서 큰 영향을 받는다. 여기까지만 이야기하면 학생들이 처한 환경의 격차가 결국 동기의 격차로 나타날 수밖에 없다는 비관론에 빠질 수 있다. 하지만, 반대로 생각하면, 그러니까 학습 동기에 있어서 학생 개인의 개별성 보다는 환경적 맥락이 중요하다는 점을, 환경적 맥락을 통해 개인에 영향을 줄 수 있다는 점으로 생각하면, 어떤 학생이든 적절한 사회적 맥락과 문화적 맥락을 만들어 준다면 '마음'이 생겨날 수도 있다는 결론에 다다를 수 있다. 그리고 수많은 사례들이 증명하듯, 어떤 학생에게 적절한 사회·문화적 환경은, 어떤 훌륭한 어른과의 만남 하나만으로도 만들어질 수 있다.

LESSON 03
코로나 학습 격차를 줄이는 방법으로서의 학습코칭

코로나 상황 속에서 언택트로 이뤄지는 학교 활동 속에서 학생들 간의 학습 격차가 큰 문제로 부각되고 있다. 스스로 알아서 공부할 마음을 먹고 열심히 공부하는 학생들과 억지로나마 수업을 듣고, 숙제를 해왔던 학생들 간의 격차가 걷잡을 수 없이 커지고 있는 것이다. 손쉬운 해결책은 어떻게든 등교 수업을 하고, 다시 이전처럼 억지로라도 수업을 듣고 숙제를 하게 하는 것이겠으나, 언제 완전히 종식될지 알 수 없는 코로나 상황에서, 그러한 과거 정상 상태로의 복귀를 바라기만 하는 것은 희망 고문에 가까운 일이다.

지금 필요한 것은 '가르침'보다는 '이끌어냄'이다. 코로나 상황이 오기 훨씬 전부터 이미 학생들은 교과 전문가가 주변에 없어서 공부를 못하진 않았다. 학교와 학원, 무엇보다 인터넷을 통해서 시간과 공간을 초월해 좋은 선생님과 좋은 수업을 얼마든지 만날 수 있다. 교육 환경이 좋지 못하면 못할수록 조금만 공부에 의지를 나타내도 여러 프로그램에 바로 투입된다. 교육 격차 학습 격차를 줄이는 것이 교육 당국에게 요구되는 가장 큰 과제 중 하나가 되었기 때문이다. 하지만, 그 수많은 프로그램들이 크게 성공하지 못한 것은, 무엇보다 교육 격차의 해소라는 관점에서 실패할 수밖에 없었던 것은, '가르침'만을 하는 프로그램이었기 때문이다.

결국 방법은 언택트의 상황에서도 최대한 많은 학생들이, 그러니까 이전에는 억지로 수업을 듣고 억지로 숙제를 해왔던 학생들이, 스스로 공부할 마음을 먹고, 스스로 공부를 하도록 하는 것이다. 가장 이상적이면서도 가장 현실과 동떨어졌다고 평가받아왔던 이 길만이 코로나 학습 격차를 극복할 수 있는 거의 유일한 대안이 되었다. 이 역시 코로나 사태 이후 많은 곳에서 생산하고 있는 '코로나가 주는 교훈' 중의 하나가 될지 모른다. 그동안 억지로 공부를 해왔던 많은 학생들이 스스로 공부를 하게 하는 이 불가능해 보이는 미션을 성공시킨다면 말이다. 그리고 이 미션에 대한 전술은 이미 충분히 교범화된 형태로 존재한다. '학습코칭'이 바로 그것이다.

공부를 이끌어내는 방법, 학습코칭

학습코칭을 이야기하기 위해선 우선 '코칭'을 이해해야 한다. 코칭이란 말 자체는 2010년 대 이후로 개인의 역량에 집중하는 사회적 분위기 속에서 익숙한 낱말이 되었다. 가장 흔하게 듣기도 했고, 가장 익숙하기도 한 코칭으로는 스포츠 코치들의 트레이닝 과정인 '코칭'이 있다. 선수가 가진 기량을 최대한 끌어올려, 선수가 목표하는 바(아마도 최고의 성취를 올리는 것)를 이룰 수 있도록 끊임없는 자극을 투입하는 과정을 우리는 '코칭'이라고 한다. 코칭을 하는 사람, 즉 코치는 원래 영국의 마차를 뜻하는 단어 코치(Coach)에서 유래되었다고 한다. 탑승한 사람을 출발지에서 목적지까지 실어다 주는 역할을 수행했던 코치(마차)와 마찬가지로, 코칭은 코칭을 받는 사람(코치이, Coachee)이 지금의 상태(출발지, Present State)와 대비되는 바라는 상태(도착지, Desired State)에 효율적으로 도달할 수 있도록 가능한 모든 영역의 자원(Resource)을 투입하는 과정을 의미한다.

때문에 '코칭'은 매우 역동적인 과정이다. 코칭은 각자가 도달하려 하는 목표와 각자가 가진 환경적 요인이 다양한 만큼, 각 개인이 가진 모든 것들 속에서 매번 새로운 방법론과 접근법을 요구한다. 개인이 코칭을 통해 이루고자 하는 각각의 목표를 달성하는 과정에 집중하고, 그 목표를 위해 지금의 상태에서 어떤 것들을 바꾸어 나가야할지 핵심적인 전환점들을 발견하여, 발견한 전환점을 타개할 적절한 실행 전략을 세워서 지켜나가는 과정을 순환적으로 반복한다는 것 외에는 방법적으로 정해진 것이 거의 없다고 할 수 있다. 대신 코칭의 전제이자 바탕이 되는 가치관이 존재하는데 그것은 인간의 '가능성을 믿는 것'이다. 코칭은 가능성을 믿는 신뢰 기반의 의사소통으로 이뤄진다. 코치는 코치이가 말한 대로 믿고 느낀 그대로를 말할 것이 요구된다. 코칭은 코치이와 코치가 수평적 관계를 이루며 파트너로서 코치이의 잠재력 성장을 도모하는 것이기 때문이다.

학습코칭도 학생의 잠재력을 믿고, 학생의 자기주도학습 능력을 극대화하여 학생이 원하는 상태, 즉(여러 가지 의미에서) 공부를 잘하는 상태를 만드는 과정이라는 점에서 코칭과 맥을 같이 한다. 가장 큰 차이는 주로 미성년인 '청소년에 대한 코칭'이라는 점이다. 청소년들의 직업을 '학생'이라 말한다면 그들의 직업적 성과는 학업에 대한 것 즉 학습에 대한 것이고, 청소년들의 첫 번째 고민이 '성적'이라는 대부분의 설문조사 결과가 말해주듯이 학습이야 말로 그들의 개인적 성과나 삶의 질과 가장 크게 관련된 것이기에 '청소년 코칭'이란 이름이 아니라 '학습코칭'이라는 이름이 붙여졌다 볼 수 있다. 그래서 학습코칭을 말하기 위해선 질풍노도의 시기 청소년기에 대해 먼저 생각해야 한다.

청소년기의 특징 탓으로 '학습코칭'은 일반적인 '코칭'과 많은 차이를 가질 수밖에 없다. 첫째로 청소년은 코칭의 전제 조건이라 할 수 있는 '발전하려고 하는 의지'를 가진 개인이기가 쉽지 않다. 모든 학생들이 공부를 잘하고 싶다고 말하지만, 실제로 제 의지로 공부를 꾸준히 하는 학생은 많지 않다. 앞서 살펴본 것처럼 '의지' 또는 '동기' 역시 습득해야 할 대상이며, 청소년기는 그 것을 습득해야 할 시기이기 때문이다. 물론 성인에게도 이 문제는 마찬가지다. 하지만, 청소년이 성인과 같을 수 없는 이유는 말 그대로 '청소년'은 성인이 아닌 '미성년'이기 때문이다. 여기에 학습코칭의 두 번째 특징이 있다. 성인이 자신의 몸을 망치는 (술·담배를 과하게 하는 식의) 일을 하는 것에 대해서는 자신의 선택이라 놔둘 수밖에 없지만, 청소년이 그런 선택을 하는 것에 대해서는 가만히 둘 수 없다. 문맹의 성인이 글을 배우지 않는 것은 그의 선택이지만, 초등학교 1학년이 글자를 배우기 싫다한다고 그냥 놔둘 수는 없다는 것이다. 때문에 '학습코칭'은 때때로 코칭보다는 일반적인 훈육에 가까워지기도 한다. 하지만, 그럼에도 불구하고 '학습코칭' 역시 '코칭'인 이상 코칭을 받는 학생의 잠재력을 끌어내는 전략을 수립하고, 전략을 수행하는 데 에너지를 실어줄 수 있도록 적절한 피드백을 투입하는 것을 핵심으로 하는 활동이다. 그래서 학습코칭에서도 가장 중요한 것은 코치이의 변화 동기를 원동력으로 하는 '태도 변화'이다. 사실 일반적으로 코치이들, 학생들은 어떻게 하면 공부를 잘하게 되는지 대체로 알고 있다. 다만, 방법을 알고 있는 것과 별개로, 그 방법을 지속적으로 수행하는 의지를 유지하기 힘들다는 것이 문제인 것이다. 그래서 학습코칭이 필요하다. 공부라는 혼자가 되는 순간이 많은 외로운 과정에서, 그 외로운 과정을 함께 견뎌 주는 것만으로도 학습코칭은 충분한 가치를 갖기 때문이다.

학습코칭의 일반적 과정

코칭은 목표를 설정하는 것으로 시작한다. 목표를 상정하는 과정은 현재 상태로부터 변화의 필요를 느낀다는 반증이라고 할 수 있다. '공부하기를 마음먹는 것'이 공부의 절반 이상을 차지하는 것처럼, 코칭 역시 목표 설정이 코칭의 50% 이상을 차지한다. 그래서 코치는 목표 설정 과정에 집중해야 한다.

목표는 결과목표와 과정목표를 분리하여 접근한다. 여기서 결과목표는 직접 확인할 수 있는, 체감할 수 있는 것이어야 한다. 결과 목표는 주로 점수나 등수로 표현되고, 학생들 대부분 지금의 자신의 성적대를 고려한 목표를 가지고 있다. 결과목표의 경우 선언적 성격이 강하기 때문에, 동기를 높이는 효과를 줄 수 있지만, 현실에 안주하게 만든다는 부정적 효과도 있다. 왜냐하면(공부에 관심을 덜 두었던 기간에 비교할 때) 짧은 공부시간에 비해 바라는 결과는 상대적으로 크고, 희망하는 결과를 성취하는 경우는 극히 드물기 때문이다. 결과목표에만 집중하는 경우 학생들은 계속 머물러 있는 자신의 성적에 실망하게 되고, 그동안 보였던 작은 노력조차 포기하게 되곤 한다.

그렇기 때문에 과정목표가 필요하다. 과정목표는 말 그대로 과정을 어떻게 채워나갈 것인지에 대한 목표라 할 수 있다. 주로 행동목표의 형태로 분명히 제시되며, 코치이가 스스로 달성도를 체크할 수 있는 것이 특징이다. 학습코칭에서는 공부해야 할 교재의 분량을 정하거나, 달성하고 싶은 공부량을 과정목표로 설정하기도 하고, 인터넷 강의와 같은 과외 학습의 경우 섹션으로 구분하여 목표를 설정하기도 한다. 과정목표는 지속적인 성공 경험을 제시해 주기 때문에 적절한 과정목표를 설정하고, 성실히 수행하는 과정은 학습코칭의 핵심이라 할 수 있다.

제시된 목표의 적합성을 점검하기 위해 현재 상황을 점검하는 것이 필요하다. 현재 상황은 '지금까지 왜 그 목표를 달성하지 못했는가?'라는 질문에 답할 수 있도록 점검해 가야 한다. 목표와 관련하여 어떤 습성을 보였고, 관련한 어떤 강점을 가지고 있고, 목표 달성을 방해하는 결정적인 요소가 무엇인지를 다각도로 탐색하는 과정에서, 이후의 목표 달성 과정을 어떻게 꾸려가야 할지에 대한 로드맵을 그리게 된다.

통상 학습코칭에서는 학생들의 이전 학습경험에 주목한다. 그 중에서도 기억할 만한 성공경험과 실패 경험을 찾는 단계에서 문제 해결의 실마리를 발견하기 쉽다. 가볍게 접근하면 성공 경험을 성적이 최고점을 찍었을 때라고 착각하기 쉽지만, 여기서의 성공은 접근을 달리해야 한다. '본인이 할 수 있는 노력을 최대한 투입할 때를 100점으로 볼 때 80점 이상인 경험'은 모두 성공 경험이라고 간주한다. 성적을 잘 받는 것이 궁극적인 목표이긴 하지만, 태도와 결과가 꼭 함께 움직인다고 할 수는 없기 때문에 긍정적 학습태도라는 측면에서 성공했던 경험을 학습코치와 학생이 공유해 보고, 여기서 태도 변화의 실마리를 찾도록 한다. 반복되는 실패 경험이 있다면, 그 가운데 국면을 전환할 수 있는 지점을 발견하여 정리해야 한다. 이때 경계해야 할 부분이 있다면, 바로 '예단(豫斷)'이다. 모두가 학창시절을 지나왔고, 또 옆집 사는 누군가와 마찬가지로 학창시절을 보내고 있는 평범한 사람들이 너무 많기 때문에, 모든 경험이 일반적이라고 치부할 수 있다. 그렇지만, 코칭의 제1원칙은 '개인의 잠재된 가능성의 실현에 집중'하는 것이다. 때문에 각 학생의 개별적 특성에 초점을 맞추어, 스스로에게 맞는 전략을 찾도록 해야 한다.

현재 상황 점검 결과는 실행 전략 수립과 수행으로 이어진다. 실행 전략 수립은 다분히 창의성이 필요한 과정이라 할 수 있다. 좋은 전략의 요건은 상식선에서 정리해 볼 수 있다. '문제점을 정확히 파고들 수 있고, 에너지의 손실은 줄이면서 최고의 효과를 가져올 수 있는, 효율적인 전략'이 필요하다. 학습코칭에서 실행 전략은 과정 목표와 유사하다고 볼 수 있다.

학습코칭에 있어 실행 전략 수립은 그간의 학습에서 목표 지점으로의 상승을 막는 장애물을 극복할 효과적인 돌파구를 찾는 것이다. 그런 이유로 학습코치는 여러 갈래의 경로로 진입하여 학생의 전략을 파악해 보아야 한다. 강의를 듣거나 친구들과 설명해 보는 방식의 공부를 좋아하는지, 암기할 때는 여러 번 쓰는 방식이 맞는지, 개념 이해와 요약 과정에 강점을 보이는지, 내용 암기와 인출에 자신감이 있는지 등 고려할 수 있는 요소는 무궁무진하다. 그런 다음 코치이(학생)와 '함께' 전략을 세워야 한다. 충분히 학생이 가진 정보를 수집해 보고, 학생과 관련 정보량이 동등한 수준에서 전략을 의논할 수 있어야 한다. 이 단계를 거치고, 학생이 내 놓은 전략이 코치 판단에 최선책이 아니라고 하더라도, 학생이 선택한 것을 믿고 기다려야 한다. 물론 최선의 선택이 따로 있다면 코칭 과정에서 최선책으로 수정하도록 유도하고 설득하는 것이 옳다. 하지만, 어느 순간에도 간과해선 안 되는 것은 '결정권은 학생에게 있다'는 대 원칙이다.

수립된 전략을 수행하는 것은 학생의 몫이다. 코치는 학생의 정확한 수행을 지지하는 역할을 한다. '방법적으로 오류를 범하고 있지는 않나, 코칭 전의 상태로 돌아가려고 하는 건 아닌가, 보다 나은 전략이 없는가'를 코칭 과정에서 끊임없이 관찰하고 적시에 피드백을 제공해야 한다. 학습코칭에서는 공부한 내용을 점검하고, 학생의 이전 학습 경험을 고려하여 미세한 차이라도 긍정적인 태도상의 변화를 끌어낼 필요가 있다. 학습 과정에서 계속해서 문제가 되는 것은 대체로 '내가 달성해 보았던 지점이 나의 한계라는 생각에서 나온, 나를 가두는 마음'이다.

사실, 1등도 30등도 지능에는 큰 차이는 없다. 물론, 학습 기술이나 메타인지, 자기효능감 등의 요소에서는 차이가 날 수 있지만, 극복이 불가능한 과제는 아니다. 오히려 문제인 건 소위 '학습된 무기력'이라고 일컬어지는 '지금까지의 데이터를 근거로 할 때 나는 성공할 수 없어'라고 생각하는 그 마음이다. 그래서 학습코칭은 그 '최대한'의 범위를 넓혀 주어야 한다.

학습코칭에서의 대화

학습코칭은 대부분의 교육 활동이 그러하듯 대부분 '대화'라는 형태로 구성되어 있다. 때문에 학습코칭에 대한 보다 깊은 이해를 위해 학습코칭 대화를 살펴보는 것이 필요하다.

학습코칭 대화는 학생에 대한 질문에서 시작된다. 학습코칭의 전 과정을 꿰뚫는 단 하나의 정답은 '모든 답은 학생이 가지고 있다'는 전제뿐이기 때문이다. 답을 필요로 하는 문제에 해답을 구하는 과정은 비교적 단순화된다. 코치는 아무런 선입견 없이 알고 싶은 부분에 대해 묻고, 학생은 해당 주제에 대해 과장 없이 답하는 것이다. 질문은 제시된 주제로의 몰입을 유도하는 역할을 한다. 성공적인 학습코칭의 관건은 코치가 듣고 싶고, 들어야 한다고 판단되는 내용을 질문으로 제시하면, 학생은 그 내용에 몰입하여 내 안의 소리를 되도록 변형 없이 밖으로 꺼내는 과정에 집중하는지에 달려 있다. 코치는 학습상황을 점검하는 단순한 정

안심Touch

보 수집 과정뿐 아니라 목표 제시, 전략 수립처럼 구체적인 방향을 설정할 때도 질문을 활용한다.

구해야 할 답이 전부 학생에게 있다면 대체 코치가 해야 할 것은 무엇인가라는 의문이 있을 수 있다. 코치가 교과 관련 지도 능력도 있다면 좋을 수 있겠지만, 그보다 중요한 것은 좋은 질문을 제시하는 것이다.

좋은 질문의 첫 번째 조건은 학생의 개성을 질문으로 끌어내는 것이다. 많은 경우 청소년에 대한 어른의 질문은 정답이라고 여겨지는 답변을 유도하는 형태로 발화되는 경우가 많다. 소위 '답정너'라고 말할 수 있는 이러한 질문 형태는 코칭에서 반드시 피해야 할 것이다. 꼭 새겨야 할 것은 정답은 결국 학생이 가지고 있고, 그 정답은 모든 것을 알아버린 어른이 아닌, 처음 상대를 알아가는 친구의 마음으로 접근해야 한다는 것이다.

두 번째 조건은 질문이 지닌 몰입의 힘을 활용하는 것이다. 원리는 단순하다. 듣고 싶은 것을 묻는 것이 아닌, 학생이 생각해 봤으면 하는 부분을 질문하는 것을 말한다. 그러기 위해서 코치는 자신의 평가 기준이 아닌 학생과 공유하는 '우리'의 평가 기준을 찾아야만 한다. 통상적으로 하루에 한 시간 공부를 한다면 공부량이 적은 것으로 평가되겠지만, 어떤 학생에게는 큰 발전을 이룬 결과일 수 있다.

마지막을 3:7의 법칙을 지키는 것이다. 질문자 즉 코치는 전체 대화에서 30% 이하의 비중만을 갖도록 해야 한다. 질문, 대답에 대한 반응, 대화 내용 관련 피드백을 모두 포함한 분량이 전체 대화의 30%를 넘지 않도록 유의하도록 한다. 30%의 기준은 학생의 이야기를 경청하는 충분한 자세를 갖도록 만들어 준다.

목표 설정 단계에서는 기본적으로 학생의 목표를 지지하면서도 학생이 미처 인지하지 못한 잠재 영역의 능력에 대해서도 충분히 고려할 수 있도록 유도해야 한다. 무작정 무엇을 이루고 싶은지를 묻고, 기계적으로 받아 적듯이 학생의 목표를 수용하는 것은 좋지 않다. 청소년의 자신감은 현재 성취도와 비례관계를 이루기 때문에, 성적이 중·하위권인 학생들은 유난히 '할 수 없을 것 같아서'라는 소심한 핑계로 낮은 목표를 설정하는 경우가 많다. 이를 유도하기 위해서는 지금의 낮은 성적의 원인이 부족한 학습량 탓이지, 학습 능력 부족 때문이 아니라는 것을 분명히 해 주거나, 과거의 학습 성공을 상기시켜 자신감 있게 목표에 접근하도록 해야 한다.

목표 수행 과정에서는 '무조건적인 지지'라는 오류에 빠지지 않는 것을 경계해야 한다. '칭찬'은 학생의 사기를 진작하고, 학습동기 유지기를 연장한다는 장점이 있고, 원활한 학습코칭을 가능하게 하는 코치와 학생 간 라포 형성에도 기여하지만, 적절하고 정확하게 사용할 때 효과를 발휘할 수 있다. 목표를 도달하지 못했음에도 대화를 부드럽게 하기 위해 칭찬하거나, 세부적인 확인 없이 뭉뚱그려 애매하게 칭찬하거나 하는 것은 다른 모든 대화의 효과를 떨어뜨리게 된다.

좋은 칭찬은 학생으로 하여금 자기가 노력한 바는 인정받고 있지만, 더 잘해낼 수 있다는 의지를 고취시키는 칭찬이다. 학습 태도나 학습량에서 강화되어야 할 부분은 적극 칭찬하고, 그 와중에 보완해야 할 부분은 예리하게 제시해 주어야 한다.

코치의 피드백은 학생의 학습 잠재력을 실현시키는데 있어 결정적인 요소다. 잘한 부분은 지지해 주고, 못한 부분은 개선을 유도하는 것이 피드백의 본질임을 생각할 때, 반드시 유념해야 할 것은 모든 상황을 다 듣고, 판단한 내용을 정확히 전달해야 한다는 것이다. 피드백의 목적은 학습상황의 '개선'에 있다. 즉 지금보다 나중 시점에 초점이 놓인다는 것이다. 학습코칭 중 지난 기간 학습 과정에서의 나태함을 심하게 꾸짖는데 몰두하게 되면 의미 없는 소모전만 길어질 뿐이다. 학습코칭이 결국 활동의 목표를 달성하는 방법은 '피드백'에 있다. 학생의 말을 신뢰하고 기다려주며, 적절한 지속적인 피드백을 꾸준히 제시하는 과정에서 학습 동기가 일어나며, 학생의 폭발적인 발전이 일어난 케이스는 동서고금을 막론하고 쉽게 찾을 수 있다.

다시, 코로나 상황에서 학습코칭 하기

코로나가 만든 언택트 교육 환경 속에서, 결국 교육과 공부의 주체는 학생이 될 수밖에 없다. 교사와 학부모가 전면적으로 개입하기 힘든 상황일수록, 학생의 공부에 대한 자율성의 폭은 커질 수밖에 없고, 그에 따라 많은 학생들은 자율의 경험을 일찌감치 하면서 더욱 빛나는 성장을 보인다. 하지만 한편에선 훨씬 더 많은 학생들이 누리지 못했던 자율의 상황에서 시행착오를 겪고 있다. 그들이 충분히 시행착오를 겪을 수 있도록 한다면 좋겠지만, 우리나라의 현실은 아직 녹록치 않다.

안심Touch

그래서 코로나의 상황 속에서 사실상 언택트 방치에 놓은 많은 학생들을 제대로 된 성장과 성취의 길로 이끌 수 있는 '학습코칭'이 절실하다. 학습코칭이란 다른 무엇보다, 진정한 '만남'에 기반을 둔 활동이기에 '만남'을 수행할 수 있는 기술적 조건만 존재한다면, 코로나 언택트의 상황 속에서도 충분히 할 수 있다. 여기에서 필요한 것은, 학습코칭의 전제 조건인 '학생의 가능성에 대한 신뢰'와 같은 학습코칭 원칙에 대한 동의와 학생들을 위해 자신의 시간을 희생해 가며 학습코칭을 수행하는 의지와 열정적 끈기, 그리고 언택트 상황에서 학습코칭을 수행하는 효율적인 가이드라 할 수 있을 것이다. 2부와 3부는 그러한 가이드를 정리한 것이다. 직접 마주하고는 아니어도 직접 마주한 것 이상으로 진솔하고 구체적인 대화를 나누고 학생의 목표에 집중하는 것은 충분히 가능하다. 우리나라의 IT 인프라가, 학습코칭에 대해 정리된 많은 교범들이, 무엇보다 학생의 진정한 발전을 바라는 이 책을 읽는 어른의 마음이 있기 때문이다. 이러한 요소들이 결합된 코칭은 언택트 상황에서 어쩔 수 없이 하는 학습코칭이 아니라, 온라인을 활용하여 진정하게 만나는 '온택트' 만남, 언택트 학습코칭이라고 해야 할 것이다.

00:05:35

안심Touch

2부

언택트 학습코칭의 방법

LESSON

01

라포 형성 및 진단의 6단계

▶ ━━━━━○━━━━━━━━━━━━

학생에게 '공부'는 반갑지 않은 대화 주제이다. 주기적으로 만나 이 반갑지 않은 주제로 대화를 나누자면, 적어도 대화 상대인 '학습 코치'는 반가운 존재여야 한다. 쉽게 말해, 공부하라고 잔소리를 던지는 주변 어른들보다는 친근해야 하고, 단순히 공부 고민을 털어놓는 친구보다는 방향을 잡아줄 수 있어야 한다.

그렇기에 학습 코치와 학생과의 '라포 형성'은 학습코칭에서 가장 중요한 단계이다. 이 단계에서 학습 코치는 학생에게 다음과 같은 이미지를 줄 수 있어야 한다.

⬤ 학습 코치의 역할

- 함께 학습 고민을 듣고 나눌 수 있는 친한 선배
- 공부 방향이 잡히지 않을 때 언제든 계획과 방향을 잡아주는 학습 가이드
- 주변 성공 이야기, 다량의 정보를 전해주며 동기를 부여하는 롤모델이자 어른
- 약속한 계획은 지킬 수 있도록 관리하는 관리 · 감독자

요약하자면, 학습 코치는 문턱이 낮은 존재임과 동시에 약속은 지키고 싶은 신뢰의 관계여야한다. 이러한 관계를 형성하기 위해, 라포 형성 단계에서 '성적'보다는 '공부 방법'에 초점을 맞추고 대화를 나눠야 하고, 나아가 '학생 자신'에 대해 깊이 있게 대화를 나눌 수 있어야 한다.

라포 형성은 1회가 아닌 2회에 거쳐 진행하기를 권한다. 1회차 미팅에서는 오로지 학생 자신과 학습코칭에 초점을 맞추고, 2회차 미팅에서 공부 방향과 성적에 대해 대화를 나눌 때, '코치이'인 학생의 마음의 벽을 조금이나마 허물 수 있을 것이다.

이제부터 올바른 학습코칭의 시작, 라포 형성 및 진단의 2단계에 대해 살펴보자. 첫 만남에서 모든 과정을 진행해도 좋지만, 자칫 첫 만남부터 시간이 길어져 학습코칭에 대한 부담감을 줄 수 있다는 점을 기억하자. 또, 첫 만남 이후에 학생이 자기 자신에 대해 되돌아보며, 학습코칭과 공부에 대해 의지를 다질 수 있도록 시간을 마련해주자.

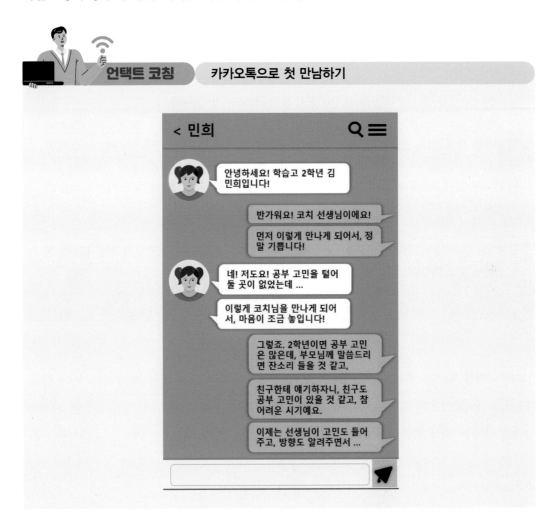

언택트 코칭　　**카카오톡으로 첫 만남하기**

< 민희

> 안녕하세요! 학습고 2학년 김민희입니다!

반가워요! 코치 선생님이에요!

먼저 이렇게 만나게 되어서, 정말 기쁩니다!

> 네! 저도요! 공부 고민을 털어둘 곳이 없었는데 …

> 이렇게 코치님을 만나게 되어서, 마음이 조금 놓입니다!

그렇죠. 2학년이면 공부 고민은 많은데, 부모님께 말씀드리면 잔소리 들을 것 같고,

친구한테 얘기하자니, 친구도 공부 고민이 있을 것 같고, 참 어려운 시기예요.

이제는 선생님이 고민도 들어주고, 방향도 알려주면서 …

안심Touch

카카오톡, 이제 우리 일상생활에 없어서는 안 될 존재이다. 코치, 학생 구분 없이 모두가 지인과 소통할 때 쓰는 주요 소통 플랫폼이라고 할 수 있다. 그렇기 때문에, 언택트 코칭 첫 만남은 카톡으로 진행하는 것도 괜찮다. '2단계 – WHO, 학습자 파헤치기' 과정 전까지는 이 프로그램에 왜 참여 했는지, 공부에 대한 생각이 어떤지 등의 라포 형성 과정은 카톡을 통해 충분히 진행할 수 있다. 카톡은 항상 사용하는, 또 좋아하는 친구들과 사용하는 플랫폼이기에, 별 부담 없이 코치와 만날 수 있는 좋은 도구가 될 수 있기 때문이다.

카카오톡을 통해 코치가 라포를 형성할 수 있는 과정은 다음과 같다.

- 인사하기
- 아이스 브레이킹
- 이 프로그램에 왜 참여했는지
- 공부에 대해 어떻게 생각하는지
- 다음 ZOOM 등을 통해 대면으로 만날 날짜

이 과정을 통해, '코치 선생님'이 아니라 언제든 고민을 털 수 있는 '코치 선배, 코치 언니, 코치 형'으로 다가갈 수 있어야 한다. 처음부터 공부를 강요한다든가, 진지한 대화를 나누기 보다는 '그래, 난 언제든 네가 어려울 때 카톡을 하면 소통할 수 있는 너의 든든한 지원군이야.'라는 느낌을 줄 수 있도록 해야 한다.

물론 3단계 이후의 과정도 카카오톡으로 진행할 수는 있지만, 이왕이면 ZOOM 등 화상 대화를 통해 얼굴을 보고 대화를 나누기를 권한다.

★ 자세한 언택트 프로그램 이용 방법은 '3부 언택트 학습코칭 도구' 파트에서 확인하실 수 있습니다.

'진단'은 '학생 평가를 위한 도구'가 아닌 '학생이 자신을 돌아보게 하는 계기'가 되어야 한다. 다음의 내용을 채우기에 서두르지 말고, '사람이 사람을 알아가는 과정'처럼 진솔한 대화의 시간을 나누는 데에 초점을 맞추자.

▼ 라포 형성의 6단계

단계	분류	내용	비고
1단계	WHY	코칭을 왜 신청했는지	자의 신청 / 타의 신청
2단계	WHO	나는 누구인지	나 분석하기 / 공부 환경
3단계	WHEN	시간 파악하기	공부 시간 / 자투리 시간
4단계	WHERE	나는 어디인지	모의고사, 내신 성적 조사 / 위치확인
5단계	WHAT	코칭을 통해 뭘 얻고 싶은지	코칭의 목표
6단계	HOW	코칭 서약서 작성하기	이번 코칭에서 꼭 지킬 N가지

이제 각 과정마다 어떻게 대화에 임해야 하는지 알아보도록 하자.

❶ 1단계 WHY – 코칭 신청 이유

"코칭을 신청한 이유는 뭐야?"

항상 모든 코칭에서 가장 먼저, 또 가장 중요하게 던지는 질문이다. 내가 이 자리에 왜 와있고, 이 만남이 왜 중요한지를 알고 있어야, 비로소 그 다음 단계가 진행되기 때문이다.

이 질문을 던지면 대부분 답변은 두 갈래로 나뉘게 된다. 자의(自意)와 타의(他意). 스스로 공부하고 싶어서, 공부의 방향을 잡고 싶어서 찾아오는 '자의에 의한 경우'와 부모님이 보내서 찾아오는 '타의에 의한 경우'로 나뉘게 되고, 둘의 참여도는 확연히 차이를 보인다.

적어도 자의로 찾아오는 학생의 경우 공부에 대한 의지 혹은 목표가 있지만, 타의로 찾아오는 학생의 경우 학습코칭에 대한 부담과 불만 자체가 커 참여에 적극적이지 않다. 이 두 경우에 어떻게 라포를 형성하고 대화를 끌어가야 하는지 같이 살펴보도록 하자.

▶ 자의에 의해 참여한 경우

공부를 하겠다고 찾아온 친구다. 스스로 의지를 갖고 프로그램과 코치의 도움을 받고 싶어 찾아온 친구이기 때문에, '왜 이 코칭 프로그램이 필요한지'를 중심으로 확인해주면 도움이 될 것이다.

가장 먼저, 이 친구가 갖고 있는 게 '의지'인지 '목표'인지를 확인해야 한다. 의지와 목표를 모두 갖고 있는 친구도 있지만, 단순히 '공부를 해야 한다는 의지'만 있거나 '목표가 생겼는데 방향을 모르는 경우'가 있을 수 있다. 이에, 아래 질문들에 대해 답변할 수 있도록 해주자.

▼ 질문 알고리즘(자의가 있는 코치이)

공통 질문	
학습코칭을 왜 신청했는지?	
왜 공부가 하고 싶은지?	
목표만 있는 경우	**의지만 있는 경우**
왜 그 목표를 이루고 싶은지?	공부는 왜 해야 한다고 생각하는지?
목표 달성을 위해 어떻게 노력하고 있는지?	공부를 통해서 무엇을 얻을 수 있는지?
목표와 의지가 함께 있는 경우	
이 프로그램이 '지금의 나'에게 왜 필요한지?	
학습코칭을 왜 신청했는지?	

이 단계에서, 막연히 '공부는 해야 하니까'의 수준을 넘어 공부를 해야 하는 이유를 구체화하고, 목표가 있는 친구에게는 의지를, 의지가 있는 친구에게는 목표를 상기시키는 발판을 마련해주어야 한다.

무엇보다, 이 모든 질문 과정에서 '왜'라는 질문을 멈추지 말아야 한다. 내재되어 있는 자신의 작은 생각도 꺼내서 정리할 수 있도록, 그렇게 생각한 이유, 왜 그렇게 생각했는지 등을 지속해서 질문해야 한다. 이 과정에서 학생은 '나도 모르는 나'를 발견했다는 생각으로 코치에 대한 믿음과 신뢰를 갖게 되고, 코치는 학생에 대한 정보를 체계적으로 쌓을 수 있을 것이다.

아래 대화의 예시를 살펴보자.

 학습코칭 대화의 예시

코치(이하 C) : 학습코칭을 왜 신청했어?
학생(이하 S) : 공부를 체계적으로 해보고 싶어서요.
C : 왜 공부를 체계적으로 해보고 싶었어?
S : 너무 공부를 계획 없이 하는 것 같고, 이렇게 공부하고 있는 게 맞는지 궁금해서요.
C : 공부를 계획 없이 하는 것 같아 고민이구나. 왜 자신이 공부를 계획 없이 하고 있다고 생각해? 어떤 면에서?
S : 딱히 계획을 세우지 않고, 매일 하고 싶은 공부만 하고 있어요. 시험 기간에만 계획을 세우다 보니까 전체적인 지식이 늘고 있는지 모르겠어요.

이처럼 질문 하나에도 '왜'를 물어가면, 학생은 코치가 자신의 이야기를 귀 기울여 들어주고 있음을 느끼게 된다. 또한, 위 예시의 대화처럼, 코치 역시 본래 질문의 의도 외에도 많은 정보를 얻을 수 있게 된다.

자의로 참여한 학생은 이미 공부에 대한 필요성을 어느 정도 깨닫고 있기 때문에, 코치와 신뢰의 관계를 다지거나 공부의 의지를 확고히 해주는 데 초점을 맞추는 편이 좋다. 이제, 대화 내용을 모아, 다음 양식에 맞춰 내용을 채워 나가보자.

나는 왜 공부할까?	
공부의 목표	
공부를 해야 하는 이유	
왜 이 프로그램에 참여했는지	
비 고	

언택트 활용 노하우!

★ 이 내용은 카카오톡이나 통화, ZOOM 등을 통해 코치와 대화하며 함께 생각하기를 권합니다.

나는 왜 공부할까?	
공부의 목표	예 간호사 OO대학교 컴퓨터공학과에 진학 좋은 성적 부모님의 칭찬
공부를 해야 하는 이유	예 내 꿈을 이루기 위해서 성적이 잘 나와야 OO 대학교에 갈 수 있어서 높은 성적을 받았을 때 성취감이 커서 부모님께 칭찬받을 수 있으니까 나중에 꿈이 생겼을 때, 공부로 발목 잡히지 않기 위해서
왜 이 프로그램에 참여했는지	예 목표는 있는데 방향을 몰라서 매일 공부 확인해 줄 사람이 필요해서 공부할 때 의지할 사람이 필요해서
비 고	예 계획을 세우기 어려워하는 유형 정확히 하고 싶은 일은 없으나, 안정적인 직업을 갖길 원함

▶ 타의에 의해 참여한 경우

수업이든 코칭이든 타의에 의해 온 학생은 소통하기가 쉽지 않다. 학원에서는 '지식'이라도 배우기 때문에 타의로 가더라도 앉아있을 수 있지만, '지식'은 배우지 않는 학습코칭은 이 학생들에게 '쓸모없는 것'일 수도 있다.

그렇기에 이 과정에서 심리적 장벽이라도 허물어야 한다. 적어도 주변에 공부하라고 압박하는 수많은 어른들에게 벗어날 수 있는 휴식처 같은 존재가 되어줘야 한다. '나 나름대로 공부한다니까.'라고 말해도 믿지 않는 다른 어른과 다르게, 내 학습의 어려움을 들어주고 이해해주는 어른이 되어야 한다.

자의로 온 친구들보다 더욱 돈독한 신뢰 관계가 형성되어야 한다. 공부는 싫어도 코치 선생님이 좋아서 프로그램에 참여할 수 있도록, 공부는 싫어도 선생님을 실망시키고 싶지 않아서 하루에 하나의 계획이라도 자의(自意)로 할 수 있도록 유대 관계를 형성해야 하는 것이다.

이 경우도 두 갈래로 나뉘게 된다. 이미 스스로 어느정도 공부를 하고 있지만 더 수준 높은 학습을 하기 위해 보낸 경우, 아예 공부를 잘 하지 않아 공부할 수 있도록 보낸 경우로 나뉘게 된다. 어느 쪽이든 코치는 '들어주는 사람'이 되어야 한다. 공부의 체계를 잡으러 온 경우에는 기존의 공부 방식을 수정하는 단계를 넘어, 학생이 갖고 있는 학업에 대한 스트레스를 들어줄 수 있어야 한다. 반면 공부 자체를 잘 하지 않는 학생의 경우, 그 누구보다 돈독한 관계를 유지하여 작은 습관이라도 서서히 들일 수 있도록 지도해야 한다.

이처럼 '어쩔 수 없이' 온 이학생을 위해 코치는 대체 어떤 질문을 던져야 할까. 아래 질문 알고리즘을 함께 살펴보자.

▼ 질문 알고리즘(타의로 참여하는 코치이)

공통 질문(도입)	
학습코칭을 왜 신청했는지?	
권유자(부모님, 선생님 등)가 왜 이 프로그램을 신청해줬다고 생각하는지?	
공부의 체계를 잡으려고 온 경우	**공부 자체를 잘 하지 않는 경우**
권유자는 왜 학생이 공부를 제대로 하지 않는다고 생각한 것 같은지?	권유자는 왜 공부를 하라고 하는 것 같은지?
학생이 그렇게 공부하는 이유는 무엇인지?	본인이 생각하기에 공부는 왜 해야 하는 것 같은지?
공통 질문(정리)	
나에게는 지금 어떤 사람이 필요한지?	
학습코칭을 왜 신청했는지?	

이 대화 과정에서 가장 중요한 건 '공감'이다. 특히, 공부 자체를 잘 하지 않고 권유자에 의해 프로그램에 참여한 경우에는 더더욱 공감을 통해 학생의 마음을 이해해야 한다. 라포를 통해 자의를 갖고 참여한 학생들에게는 '발판'을 마련해주었다면, 타의에 의해 참여한 학생들에게는 '숨통'을 마련해주어야 하는 것이다.

나름대로의 공부 방법을 갖고 있으나 권유자가 보기에는 탐탁지 않아 프로그램에 참여

시킨 경우에는 자신을 믿지 못하는 어른에 대한 답답함이 있을 것이다. 반대로, 공부 자체를 거부하는 학생의 경우 이 프로그램은 '학원'과 같이 또 하나의 '부담'으로 다가올 것이다.

이 학생들이 코칭 프로그램을 통해 숨 쉴 구멍을 찾을 수 있도록, 또 이 과정에서 스스로 적은 양이더라도 공부할 수 있도록 이끄는 일이 코치의 역할이다. 그렇기에 '라포 형성' 단계에서 더더욱 학생의 이야기에 귀를 기울여야 한다.

아래 대화의 예시를 살펴보자.

 학습코칭 대화의 예시

코치(이하 C) : 학습코칭을 왜 신청했어?
학생(이하 S) : 엄마가 공부 좀 하라고 해서요. 엄마가 신청해줬어요.
C : 어머님이 신청해주셔서 여기까지 왔구나. 일단 그래도 이렇게 오느라 고생했어. OO이가 이렇게 어머님 말씀도 잘 듣는데, 왜 여기에 가라고 하셨을까?
S : 공부 좀 하라고 보내신 것 같아요.
C : 아, 어머님은 OO이가 공부를 잘 안하고 있다고 생각하시나보다. 왜 그렇게 생각하실까?
S : 제가 실제로 공부를 잘 안하긴 하는데.. 그래도 시험기간에는 해요.

처럼 작은 대화에도 학생의 입장에서 이해하고 이를 표현한다면 학생은 '그래도 이 코치 선생님은 내 스트레스를 이해해주네.'라고 생각하며 학습코칭에 대한 부담감을 최소화할 수 있을 것이다.

그러기에, '자의로 참여하는 학생'과는 다르게 '목표, 의지'보다는 '나'를 돌아보게 해야 한다. 다음의 양식을 채워보며, 나에 대해 돌아볼 수 있도록 시간을 마련해주자.

나는 왜 참여했을까?	
권유자가 참여를 권한 이유	
권유자가 바라보는 학생의 특징 (함께 추측해보기)	
학생이 스스로 바라보는 자신의 특징 (함께 생각해보기)	
비 고 (학생에게 필요한 사람은?)	

언택트 활용 노하우!

★ 이 내용은 카카오톡이나 통화, ZOOM 등을 통해 코치와 대화하며 함께 생각하기를 권합니다.

나는 왜 참여했을까?	
권유자가 참여를 권한 이유	예 시험 기간에만 공부해서 공부를 잘 하지 않아서 매일 게임만 해서
권유자가 바라보는 학생의 특징 (함께 추측해보기)	예 시험 기간에는 집중하지만, 시험 기간이 아닐 때에는 잘 하지 않음, 벼락치기만 함 공부의 필요성을 크게 느끼지 못함
학생이 스스로 바라보는 자신의 특징 (함께 생각해보기)	예 공부를 잘 안하기는 함 계획 세우고 지키기가 어려움 학원 많이 다녀서 시간 없음 엄마가 볼 때 못 하는게 당연
비 고 (학생에게 필요한 사람은?)	예 계획적이기보다는 충동적인 성향, 학원을 많이 다녀서 자기 주도적 학습 역량이 부족한 상황, 작지만 자기주도 습관을 잡아주는 사람, 집에서 받는 학업 스트레스를 풀어줄 수 있는 사람 필요

❷ 2단계 WHO – 학습자 파헤치기

"너는 공부를 어떻게 하는 편이야?"

수많은 학생을 만나며, '공부'는 무엇보다 '성향'을 따라간다는 점을 알게 되었다. 천편일률적인 학습법이 아니라 개인에 맞는 학습법을 권하고 진행할 때, 학생은 적은 시간이나마 의자에 앉게 된다.

효과적인 학습을 위해, 학생을 파악할 수 있는 '열세 가지 기준'과 '학습 환경 파악'에 대해 정리해두었다. 이 과정을 통해, 학생의 성향과 환경을 파악하고, 맞춤형 공부 방안을 제안할수 있도록 하자.

▶ 학습자 분석을 위한 열세 가지 질문

수학을 좋아하는 학생, 영어를 좋아하는 학생이 따로 있듯이 학생이 갖고 있는 공부 습관, 의지, 자세 등이 모두 다르다. 그렇기 때문에, 최근 '인디비듀얼룸', '커뮤니티룸' 등 여러 형태의 독서실이 마련되어 있는 '스터디 카페'도 지속해서 나오고 있다. 여전히 독립적으로 공부할 수 있는 개인 스터디 룸이 가장 인기가 많지만, '거실에서 공부한 사람이 가장 좋은 대학교를 갔다.'라는 말이 나올 정도로 탁 트인 공부 환경에 대한 선호도도 높아지고 있다.

이처럼 학생마다 자세와 학습 유형은 다양하다. 직접 다년간 학생을 만나고 분석했던 데이터를 기반으로, 학습자를 분석할 수 있는 13가지 질문을 마련해보았다. 아래 질문에 대해 학생과 대화를 나눠본 후, '학습자 진단을 위한 13가지 질문'으로 넘어가서 이를 세세히 분석해보자.

13가지 기준표

1. 나는 공부할 때 (조용히 / 말하면서) 공부하는 편이다.

   나는 조용히

   _____게 공부한다.

   나는 말하면서

   _____게 공부한다.

2. 나는 공부를 왜 해야 하는지 (알고 / 모르고) 있다.

   공부는

   _____기 때문에 해야 한다.

   공부를

   _____한 측면에서, 왜 해야 하는지 모르겠다.

3. 나는 공부를 통한 내 목표가 (있다 / 없다)

   내 성적의 목표는 _____이다.

   내 장래희망, 꿈의 목표는 _____이다.

4. 나는 학습 플래너를 (이용한다 / 이용하지 않는다)

　　나는 플래너를 이용함으로써,

　　..한 도움을 받는다.

　　나는 플래너를 이용하지 않고,

　　..한 방식으로 공부하여

　　..한 도움을 받는다.

5. 나는 계획을 (매일 / 주 단위로 / 월 단위로 / 분기 단위로 / 시험기간에만) 세우는 편이다.

　　이렇게 세우는 이유는,

　　...하기 때문이다.

6. 고로, 나는 (계획형 / 벼락치기형) 학생이다.

　　하지만, 계획형이기 때문에

　　...한 점에서 어려움을 겪는다.

　　하지만, 벼락치기형이기 때문에

　　...한 점에서 어려움을 겪는다.

7. 나는 (노력형 / 천재형) 학생이라고 생각한다.

　　노력형이라 ....점이 좋지만,

　　..한 점은 아쉽다.

　　천재형이라 ....점이 좋지만,

　　..한 점은 아쉽다.

8. 나는 공부하는 데에 있어서 (철저한 감독이 필요하다 / 자율적 환경을 선호한다)

　　왜냐하면,

　　..기 때문이다.

9. 나는 공부할 때, (이론부터 확실히 이해 / 문제부터 풀고 이론을 이해)하는 유형이다.

　　그래서 종종 ....한 면에서 어려움을 겪는다.

10. 나는 (아침 / 일과 시간 / 저녁 / 밤 / 새벽)에 가장 집중이 잘 된다.

　　그 외에 시간에는

　　..해서

안심Touch

집중이 어렵고, 이 시간에는 주로 ....

....한 공부를 하려고 노력한다.

11. 나는 (주어진 대로 / 나만의 방법을 찾아가며) 공부하는 편이다.

　　이 공부법은

....한 장점이 있지만,

....측면 때문에 반대의 공부 방법으로도 공부해보고 싶다.

12. 나는 오답을 정리할 때 (왜 틀렸는지 개념도 정리하는 편 / 답만 체크하고 스스로 풀어보는 편)
　　이다.

　　이 오답 정리 방법은

....한 장점이 있지만,

....측면 때문에 반대의 공부 방법으로도 공부해보고 싶다.

13. 나는 내 공부 방법에 확신이 (있다 / 없다)

　　공부 방법에 확신이 있지만,

....한 부분이 조금은 걱정된다.

　　공부 방법에 대한 확신이 없기 때문에,

....한 부분을 도움 받고 싶다.

★ 진단표에 대한 분석 내용은 'Ⅱ. 학습자 진단을 위한 13가지 질문' 파트에서 확인하실 수 있습니다.

언택트 활용 노하우!

★ 13가지 기준표 및 아래에 나오는 그 외 학습 진단표는 '카카오톡'을 통해서도 진단할 수 있지만,
구글 문서 도구와 ZOOM을 통해서도 진단할 수 있다.

★ 자세한 이용 방법은 '학습자 진단을 위한 13가지 질문'에서 확인하실 수 있습니다(구글 문서 /
ZOOM 이용법).

★ 1단계 라포 형성 과정에서, 미리 해당 자료를 학생에게 건네준 후, 스스로 생각해볼 수 있도록 해
주는 것도 좋습니다(코치와 함께 작성할 시 코치의 의견이 포함될 수 있기 때문입니다).

▶ 학습 환경 확인하기

같은 교실 안에서도 자리 배치를 끝없이 옮겨 다니는 친구가 있는가 하면, 어느 장소에서도 조용히 공부하는 친구가 있다. 부모님이 학업에 하나하나 신경 쓰는 경우가 있는가 하면, 학생의 학업에 대해 전혀 관심 없는 부모도 있다. 미세한 성향과 학습 환경의 차이가 학생의 자기 효능감과 학업 효율을 좌우한다.

라포를 형성하다 보면 어렵지 않게 학습 환경에 대해 파악할 수 있을 것이다. 이 과정을 하나의 양식으로 만들었다. 학생이 어떠한 학습 환경 속에서 있는지, 어떤 환경을 선호하는지 차근히 정리해보자.

나의 학습 환경은?

1. 내 공부 집중을 힘들게 하는 요인은
....다.

2. (공부 환경 내에서) 나에게 충분한 것은
....다.

3. (공부 환경 내에서) 나에게 부족한 것은
....다.

4. 나는 주로
....한 선생님의 수업을 선호한다.

5. 나는 주로
....한 교재를 선호한다.

6. 나는 주로
....에서 가장 집중이 잘 된다.

7. 나는 주로
....에서 가장 집중이 안 된다.

내가 주로 어떤 환경에서 집중하기 가장 어려운지, 어떤 환경이 충분하고 부족한지 스스로 깨닫는 과정만으로도 큰 도움이 될 것이다. 학생이 스스로 이 내용을 채우기 어려워한다면, 자신이 어떤 환경에서 주로 공부하는지를 스스로 파악하지 못하고 있을 확률이 높다. 코치가 학생과 지속해서 대화하며 이 내용을 채워준다면, 그것만으로도 학생은 자신의 공부 방향을 인지할 수 있을 것이다.

이 뿐 아니라, 부모님의 지원과 간섭에 대해서도 인지할 수 있어야 한다. 가정의 경제적 지원과 간섭이 어느 수준인지, 왜 그렇게 생각하는지를 정리하며 나만의 공부 정체성을 잡아가야 한다.

아래 내용을 차근히 채워보자.

나와 부모님, 그리고 공부

(척도 1~10, 정도가 셀수록 숫자는 높아진다.)

1. 부모님은 나에게 ___정도 간섭한다고 생각한다.

   왜냐하면

   ....

   ....

   ....

   이기 때문이다.

2. 가정의 경제적 지원은 ___정도라고 생각한다.

   왜냐하면

   ....

   ....

   ....

   이기 때문이다.

1번의 이유에는 '주로 부모님이 나에게 공부에 대해 뭐라고 말씀하시는지', '성적에 대해 어느 정도 알고 계신지' 등을 기재하며, 가정에서 갖고 있는 학업에 대한 가치관을 이해할 수 있도록 한다.

2번의 이유에는 사교육 지원 정도, 교재 구입 시 부모님의 반응 등을 기재하며, 어느 정도 지원이 가능한지를 파악하고 코칭에 이를 참고해야 할 것이다.
이 외에도, '부모님의 정신적 지원'이 어느 정도인지를 파악하는 것도 중요하다. 생각보다 많은 친구들이 긍정적인 정신적 지원을 받지 못하여, 공부에 대한 자신감이 크게 떨어져 있기도 한다. 부모의 간섭과 경제적 지원에 따른 유형은 다음과 같다.

구 분	특 징	필요한 코칭
간섭↑, 지원↑	• 가정에서 학업에 대한 관심이 많음 • 학생이 학업에 대해 큰 관심이 없다면, 이 관심을 부담으로 느끼기도 함 • 가정의 기대에 미치지 못할까 두려워하는 경우도 있음 • 간섭과 감독으로 인해 스트레스 받는 친구들이 많음	• 정신적 지지, 멘탈 관리 • 사교육과 자가 주도 학습의 균형 조정 • 숨 쉴 구멍 마련해 주기
간섭↑, 지원↓	• 가정환경으로 인해 사교육에 대한 지원이 높지 않은 상황 • 욕심이 많은 학생의 경우, 지원이 충분하나 스스로 부족하다고 여길 수 있음 • 지원이 부족한 상황에서 어떻게 공부해야 하는지 모르는 경우가 많음	• 지원 가능한 범위 내에서 자기주도학습할 수 있도록 환경 마련 • 학습 가이드 및 무료 콘텐츠, 강의 등 안내 • 가정 간섭에 대한 스트레스 해소 및 지지
간섭↓, 지원↑	• 부모가 전적으로 아이를 믿는 경우 • 학업에 필요하다면 지원은 해주나 학습 방향이나 정보를 적극적으로 알아주지는 않음 • 학생이 욕심이 있다면 정보에 대한 아쉬움, 답답함을 느낄 수 있음	• 아이가 필요로 하는 정보 전달해주기 • 학생을 정확히 파악해서 어떤 교육이 필요한지 확인하고 제안해주기
간섭↓, 지원↓	• 가정 내 공부에 대한 열정도 지원도 낮은 상황 • 의욕이 있는 학생이라면 가장 답답할 상황이고, 의욕 없는 학생이라면 이대로 공부에 대한 관심을 접을 가능성이 높음	• 최대 지원 가능한 범위 확인하기(교재 구매 지원, 사교육 지원 등) • 학생 공부 의지를 최대로 올리고, 무료 컨텐츠 등 가능한 최대의 지원 돕기 • 작은 학업 성취를 이뤄나가며 부모를 설득할 수 있도록 돕기

학습 코치의 역할은 단순한 '학업 가이드'에서 끝나지 않기 때문에, 이처럼 환경적인 부분을 세세히 분석할 필요가 있다. 정신적 지지자의 역할, 공부에 대한 의지를 불어넣는 역할, 정보를 전달하는 전달자의 역할 등을 적절히 진행하기 위해, 학습 환경에 대해 학생과 깊이 대화를 나눠보도록 하자.

❸ 3단계 WHEN – 공부 시간 분석

<u>"하루에 공부 얼마나 한다고 생각해?"</u>

이제 코칭을 향한 진정한 첫 걸음을 내딛는 과정이다. 학생이 하루에 사용 가능한 시간이 어느 정도인지 파악하지 못한다면, 아무리 완벽한 학습 계획을 구성한다고 해도 이를 실천할 수가 없다.

자신의 학습 계획을 실천할 수 있는 공부 시간은 크게 '순수 가용 시간'과 '자투리 시간'로 나눌 수 있다. 주 단위로 중학생은 40분, 고등학생은 50분 이상 지속할 수 있는 '순수 가용 시간'과 쉬는 시간, 자습 시간, 등하교 시간 등 '자투리 시간'이다. 보다 세세히 들어가자면, '순수 가용 시간' 안에서도 '고정 가용 시간'과 '변동 가용 시간'을 파악하여, 매주 고정된 특정 시간에는 정해진 공부를 할 수 있도록, 학원 등 변동하는 가용 시간에는 다른 계획을 넣어줄 수 있도록 지도해야 한다.

여기서 주의할 점은 '수강'과 '학습'의 경계를 명확히 해야 하는 것이다. 단순히 지식을 전달받는 '수강'은 '학습'이 될 수 없다. 수강 이후 이를 수용하고 이해한 후, 정리, 암기, 응용하는 과정이 '학습'이라고 볼 수 있다. 종종 계획 안에 지나치게 '인터넷 강의 수강'을 포함하는 친구들이 있다. 이 경우 수강과 학습의 경계를 명확히 하고, 그 균형을 찾을 수 있도록 돕자.

그럼, 학생이 어느 정도 공부하는지를 같이 정리해보자.

내 시간 확인표

구분	월	화	수	목	금	토	일
0							
1							
2							
3							
4							
5							
6							
7							
8							
9							
10							
11							
12							
13							
14							
15							
16							
17							
18							
19							
20							
21							
22							
23							
고정 가용 시간							
변동 가용 시간							
자투리 시간							
비 고							

☑ 각 시간대에 일정을 체크한다(a시~b시 : 학교 수업 등).

☑ 비고 란에는 발생할 수 있는 추가 자투리 시간 등을 기재하도록 한다.

☑ 고정 가용 시간, 변동 가용 시간, 자투리 시간을 나눠서 체크하고, 맨 아래에 기재하도록 한다(변동 가용 : 3h, 자투리 : 2h 등).

안심Touch

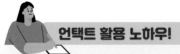
★ 구글 공유 드라이브에 업로드한 후, 학생이 인쇄해서 사용할 수 있도록 권합니다. 한 주가 시작하기 전, 미리 고정, 변동 가용 시간, 자투리 시간을 확인할 수 있도록 한다면, 학생이 스스로 하루에 몇 시간을 공부하지 않고 보냈는지 체감할 수 있습니다.

★ 가능하다면, 두 장을 인쇄해서(혹은 구글 공유 드라이브에 매일 기재하면서) 한 장은 시작 전에 가용 시간과 계획을 파악하는 용도로, 한 장은 내가 실제 사용한 시간을 기재하게 하는 용도로 나눠서 쓰도록 안내해주세요.

상기의 표를 작성하며, 학생은 자신에게 하루 주어진 시간이 얼마인지를 확인할 수 있도록 하고, 코치는 아래 시간 관리 수준 척도를 확인하도록 한다. 다음과 같이 시간 관리 수준을 알아볼 수 있는 척도를 정리했다. 학생과 대화하며 시간 관리를 어느 정도로 진행하고 있는지 알아보자.

▼ 시간 관리 수준 척도

구 분	기 준	내 용
시간관리 (수준)	1. 자투리 시간 활용의 정도가 높은 편이다.	매우 높음 : 항상 자투리 시간을 활용한다. 높음 : 대체적으로 자투리 시간을 활용하는 편이다. 보통 : 가끔 자투리 시간을 활용한다. 낮음 : 자투리 시간을 활용해야겠다는 필요성은 느끼지만, 실천하지 못한다. 매우 낮음 : 자투리 시간 활용에 대한 필요성을 느끼지 못한다.
	2. 일정량 이상의 학습시간을 확보한다(주 단위).	중학생-10시간 이상 고등학생-15시간 이상
	3. 해야 할 일의 우선순위를 적절하게 정할 수 있다.	1. 해야 할 일의 우선순위를 정한다. 2. 일의 중요도에 따라 순서를 정한다. 3. 일의 긴급도에 따라 순서를 정한다. 4. 일의 중요도와 긴급도 모두 고려하여 순서를 정한다.
	4. 집중도가 높은 편이다.	1. 학습을 방해하는 요소(tv, 휴대폰, 컴퓨터, 게임 등)를 적절히 통제할 수 있다. 2. 집중을 방해하는 정서적 요소(불안, 걱정, 긴장 등)를 적절히 통제할 수 있다. 3. 정해진 시간에 집중하여 계획한 학습 분량을 끝낼 수 있다. 4. 학습의 지속 시간이 충분하다(중학생-40분 이상, 고등학생-50분 이상).
	자투리 시간에 대한 개념 정의 : 등하교시간, 쉬는 시간, 식사 후 여유시간, 불시에 주어진 자습시간 / 공휴일, 주말 등의 시간 관리에 대한 문제가 남음	

시간 관리는 학습의 기본이다. 진단 과정에서 코치는 학생의 공부 시간, 시간 관리 정도를 이해하고, 그 중요성을 전달해야 한다. 또한, 각 시간마다 자신은 어느 정도의 집중도를 갖고 있는지, 집중도가 높거나 낮은 시간대에 어떤 공부를 해야 효율이 높은지 등을 계산하여, 학습코칭에 이를 반영하도록 한다.

❹ 4단계 WHERE – 학습자의 위치 확인하기

"뭐가 문제였을까?"

1단계에서는 학생이 어떤 사람인지, 어느 환경에서 집중할 수 있는지 등에 대해 알아보았다. 이제는 학습코칭이라는 본래 의도를 찾아 정면 돌파해야 할 때이다.

위치 확인 과정에서 중요한 건 '이 친구가 몇 등인지'가 아니라, '그 점수, 등수가 나온 이유'가 중요하다. 어느 부분에서 주로 틀리거나 어려움을 겪는지, 그 점수가 나온 이유는 무엇인지를 파악해야 적절한 목표를 설정할 수 있다.

아래 중, 고등학교 통합형 성적 조사표 포함한다. 고등학생의 경우 모의고사와 내신을 모두 기록할 수 있도록 하고, 중학생의 경우 모의고사까지 진도가 나간 학생이라면 모의고사와 내신을 모두 사용하도록, 아니라면 내신 부분만 사용할 수 있도록 하자.

과 목	국 어		수 학		영 어	
항 목	모의고사	내 신	모의고사	내 신	모의고사	내 신
등 급						
점 수						
부족한 부분 (주로 틀리는 유형)						
현재 예습 진행 정도						

안심Touch

☑ 등급과 점수는 평균값으로 기재할 것
☑ 부족한 부분은 '주로 틀리는 유형'이나 '보완하고 싶은 부분'을 기재할 수 있도록

언택트 활용 노하우!

★ 구글 문서 '동시 작성' 기능과 ZOOM을 동시에 사용하여, 학생과 대화하며 코치가 기재해주세요.
  이 과정을 통해, 학생이 구체적으로 어느 부분이 부족한지 파악해주세요.

만약 고등학생 중 학생부 종합 전형을 준비하는 친구라면, 생활기록부 비교를 통해 자신의 위치를 파악하는 것도 중요하다. 출결상황, 수상경력, 진로 희망사항, 창의적 체험활동 등을 학년별로 구분한 후, 학교 내 동일 학교 동일 전공에 희망한 선배의 객관적 데이터와 비교하는 것이 하나의 방법이 될 것이다. 이 비교 활동을 통해 현재 나의 위치를 보다 객관적으로 이해하고, 학종 진학을 위한 체계적 준비를 진행할 수 있다.

▼ 생활기록부 비교표 예시

구 분		나	OO선배
출결상황		개 근	개 근
수상경력	1학년	2개	5개
	2학년	4개	13개
	3학년		6개
진로 희망사항	1학년	언론인	기자
	2학년	기자	사회부 기자
	3학년	외신 기자	글로벌 시사 전문 기사
창의적 체험활동		101시간	147시간
	자율활동	언론인 선배와의 만남, 신입생 오리엔테이션, OO영어 디베이트 캠프, 보건교육, 세계의 날 행사, 빅데이터 관련 교육	흡연 교육, 세계 난민 교육, 언론인 선배와의 만남, OO영어 디베이트 캠프, 보건교육, 글쓰기 특강 참여, 세계의 날 행사, 글로벌 OO 캠프, 우리 지역 알리기 활동, 사설 쓰기 교육 참여
	동아리활동	40시간	36시간

★ 해당 내용은 학생에게 먼저 조사하게 한 후, 이를 공유 드라이브 혹은 밴드에 업로드해 주세요. 이 내용을 보며 코치는 주기적으로 학생이 생활기록부를 관리하고 있는지 체크해 주는 게 중요합니다.

내 위치를 파악했으면, 이제는 '목표'를 설정해야 한다. 코치와 함께 내 위치, 내 위치에서 부족한 점, 내가 어떤 점이 부족한지 등을 파악했다면, 이번 코치를 통해 내가 정량적으로 획득할 성적의 목표를 설정해보자.

⑤ 5단계 WHAT – 코칭 목표 정하기

"그래서, 이번 코칭을 통해 뭘 얻고 싶니?"

이 정도 라포 형성 과정을 거쳤다면, 이제 학생도 내가 누군지 알고, 코치도 학생이 어떤 사람인지를 어느 정도 파악했을 것이다. 이를 바탕으로, 이제는 코칭을 통해 무엇을 얻고 싶고, 무엇을 제공해야 하는지를 구체화해야 한다.

여기에서 목표는 '공부의 목표'가 아닌 '코칭의 목표'라는 점을 잊지 말고, 코칭을 통해 무엇을 얻고 싶은지를 구체화하면 된다.

▶ 성적 목표

우리는 앞 과정에서 내 성적의 위치를 확인해보았다. 이제는 이 내용을 기반으로, 월별, 시험별, 분기별, 학년별 '목표'를 설정해야 한다.

일반적으로는 당면한 시험의 목표를 설정하고, 맞춰서 구축해 나가는 것이 좋다. 하지만, 학생의 자기 효능감이 낮아 성과가 자주 필요한 경우에는, 코칭 전 미리 시험을 보고 특정 기간 후에(**예** 한 달, 두 달) 코치가 자체적으로 모의고사를 시행하도록 하여, 공부의 성과를 학생이 직접 느낄 수 있도록 도와주자.

이처럼 코치와 함께 내 위치, 내 위치에서 부족한 점, 어느 주기로 목표를 설정할지 등을 파악했다면, 이제는 내가 정량적으로 획득할 성적의 목표를 설정해보자.

기준 날짜			목표 날짜/시기			
과 목	국 어		수 학		영 어	
항 목	모의고사	내 신	모의고사	내 신	모의고사	내 신
등 급						
점 수						
목표를 위해 보완해야 할 부분						
과 목	국 어		수 학		영 어	
모의고사	• • • • •		• • • • •		• • • • •	
내 신	• • • • •		• • • • •		• • • • •	

☑ 중학생의 경우 수준에 따라 모의고사 부분을 기재해주세요.

☑ 기준 날짜는 '목표를 설정하는 현재 날짜'를 기재하고, 목표 날짜, 시기에는 아래 목표를 달성할 날짜 혹은 시기(2학기 중간고사, 6월 모의고사 등)를 기재하도록 합니다.

☑ 코치가 파악한 '보완 부분'을 학생에게 카카오톡 공지, 밴드 안내 등으로 공유하여, 학생이 이 내용을 인지할 수 있도록 도와주세요.

언택트 활용 노하우!

★ 해당 내용은 학생에게 먼저 조사하게 한 후, 이를 공유 드라이브 혹은 밴드에 업로드 해주세요.

★ 이 내용을 보며 코치는 주기적으로 학생이 생활기록부를 관리하고 있는지 체크해주는 게 중요합니다. '목표를 위해 보완할 부분'은 학생 의사와 주로 틀리는 부분을 파악한 후, 코치가 추가적으로 기재해주세요.

▶ 습관 목표

코칭에서 가장 중요하게 생각해야 할 요소는 '습관'이다. 공부의 습관이나 자세만 제대로 잡혀도, '성적의 목표'는 어렵지 않게 따라올 것이다. 앞선 'WHO' 파트에서 작성한 내용을 기반으로, 이번 코칭을 통해 어떤 공부 자세를 갖고 싶은지를 정리해야 할 것이다.

자세의 목표는 다음과 같이 '시간/목표', '공부 습관'으로 나눌 수 있다. 학생의 상황에 따라 목표를 정하되, 학생이 목표를 설정하기 힘들어한다면 아래 내용을 참고하여 코치와의 대화를 통해 정하도록 하자(단, 코치가 목표를 강요한다면 학생은 그 필요성을 느끼지 못할 수도 있다. 강요하지 말고 반드시 대화를 통해 목표를 '함께' 정해 나가도록 하자)

구 분	목표 예시
시간/목표	• 일주일에 10시간 이상 공부하기 • 하루에 3시간 이상 순수 공부 시간 갖기 • 평일에는 하루 한 시간 일찍 일어나서 공부하기 • 주말 중 하루는 공부하기 • 목표 00% 이상은 꼭 지키기
공부 습관	• 자투리 시간에는 영단어 외우기 • 일주일에 하루는 실전처럼 모의고사 보기 • 점심 먹고 와서 남은 시간에 영어듣기 하기 • 영어듣기 매일매일 하기 • 하루 수학 n문제 이상 풀기

언택트 활용 노하우!

★ 습관 목표 형성 과정에서 '언택트 코칭'의 진가가 발휘됩니다. 예를 들어, 매일 '하루 한 시간 일찍 일어나기'는 일어난 시간에 시계와 함께 카톡으로 인증한다든지, 네이버 밴드에 업로드 하는 방식으로 학생이 습관을 형성할 수 있도록 코치가 함께해주세요.

위의 내용을 참고하여, 목표는 적게는 세 개, 많게는 다섯 개 정도 정하도록 하고, 웬만하면 코치가 확인해줄 수 있는 목표를 정하는 것이 좋다. 예를 들어, '평일에는 하루 한 시간 일찍 일어나서 공부하기.'를 목표로 정했다면, 코치는 '매일 아침에 일어나서 선생님에게 연락하기'와 같이 목표 달성 여부를 확인할 수 있도록 정해주면 좋다.

이제, 목표에 맞춰 어떻게 코칭을 진행할 지, '서약서'를 작성해보자.

❻ 6단계 HOW – 코칭 서약서 작성하기

내가 어떤 사람이고, 어떻게 공부해왔는지를 파악했다면, 앞으로 코칭 시간을 어떻게 운영할지 서로 협의해야 한다. 코칭은 코치의 일방적인 강요, 학생의 일방적인 참여로 이뤄지는 과정이 아니기 때문에, 코치와 학생 모두 적극적으로 참여하겠다는 의지를 보여야 한다.

먼저 위에서 살펴본 예시처럼, 목표를 적고 목표 이행을 어떻게 도와줄지 정리해보자.

구 분	목 표	코칭 방향
예 시	평일에 하루 한 시간 일찍 일어나기	매일 아침 기상 연락하기 (미이행 시 패널티)
내 목표	· · · · · ·	· · · · · ·

상기 예시처럼 목표와 코칭 방향을 정리했다면, 코치와 코치이가 모두 서약서를 작성하고 서명할 수 있도록 한다.

− 학습코칭 상호 서약서 −

- 기간 :
- 담당 코치이 :

1. 우리의 약속

- 예기치 않은 일정으로 코칭 일정을 변경할 경우에는, 약속 시간 하루(24시간) 전까지 서로에게 알리도록 합니다.
- 피치 못할 사정으로 코칭 당일 일정을 변경하게 될 경우에는 꼭 미리 연락하여 사정에 대해 설명하고 양해를 구하도록 합니다. 가능하다면 그 주의 다른 날 코칭 일정을 잡도록 하고, 이러한 일이 연속 2회 일어날 경우에는 결석 1회로 간주합니다.
- 코칭 시간에 연락 없이 불참하는 경우 결석 1회로 간주되어 기록되며 평가에 반영됩니다.
- 결석이 연속 2회 발생하거나 3회 누적 시 코칭 계약을 중단할 수 있으며, 연속 3회 발생하거나 4회 누적될 시 코칭 프로그램 이용이 불가합니다.

2. 코치 선생님의 약속

- ....
- ....
- ....
- ....
- ....

나는 ＿＿＿＿＿＿ 학생을 코치하게 되어 매우 기쁩니다. 나 또한 나의 삶을 학생에게 개방할 것이며, 학생의 신뢰할만한 파트너가 될 것입니다. 나는 우리가 우리의 시간을 최대한 활용할 수 있도록 시간을 엄수하고 잘 준비할 것, 아래의 약속을 지킬 것을 학생에게 약속합니다. 나는 학생이 변화되고 역량을 개발하여 다른 이들에게 좋은 영향을 미치는 것을 보기 원합니다. 나는 학생이 위 기간 동안 위의 핵심 목표를 비롯한 자신의 목표를 이루게 되기를 원하며 그것을 이루도록 최선을 다해 도울 것입니다.

＿＿＿＿＿년 ＿＿＿월 ＿＿＿일 코치이 ＿＿＿＿＿＿(서명)

＿＿＿＿＿년 ＿＿＿월 ＿＿＿일 코치 ＿＿＿＿＿＿(서명)

– 학습코칭 상호 서약서 –

> • 기간 :
>
> • 담당 코치 선생님 :

1. 우리의 약속

- 예기치 않은 일정으로 코칭 일정을 변경할 경우에는, 약속 시간 하루(24시간) 전까지 서로에게 알리도록 합니다.
- 피치 못할 사정으로 코칭 당일 일정을 변경하게 될 경우에는 꼭 미리 연락하여 사정에 대해 설명하고 양해를 구하도록 합니다. 가능하다면 그 주의 다른 날 코칭 일정을 잡도록 하고, 이러한 일이 연속 2회 일어날 경우에는 결석 1회로 간주합니다.
- 코칭 시간에 연락 없이 불참하는 경우 결석 1회로 간주되어 기록되며 평가에 반영됩니다.
- 결석이 연속 2회 발생하거나 3회 누적 시 코칭 계약을 중단할 수 있으며, 연속 3회 발생하거나 4회 누적될 시 코칭 프로그램 이용이 불가합니다.

2. 코치 선생님의 약속

- ....
- ....
- ....
- ....
- ....

나는 _____코치와 함께 자기주도학습 훈련을 받게 된 것을 매우 기쁘게 생각합니다. 나는 위 기간 동안 우리가 합의한 것들과 과제들을 성실히 완수할 것이며, 핵심 목표를 비롯한 나의 목표를 이루기 위해 최선을 다할 것입니다. 나는 우리의 시간을 최대한 활용할 수 있도록 약속 시간과 아래의 약속들을 엄수할 것입니다. 나는 이 관계에서 지속적으로 코치와 함께 주도적인 자세를 취하겠습니다. 나는 내 삶에 대해 스스로 책임지고, 내가 취해야 할 행동과 작업해야 할 과제에 대해 관심을 갖고 실행할 것입니다. 또한 코치가 나와 나누는 것을 분별을 갖고 존중하겠습니다.

_____ 년 _____ 월 _____ 일 코치 _____(서명)

_____ 년 _____ 월 _____ 일 코치이 _____(서명)

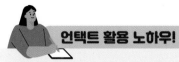

언택트 활용 노하우!

★ 학습코칭 서약서는, 코치와 학생 간의 중요한 약속입니다. 해당 내용을 완성한 후, 구글 드라이브에도 업로드하여 항상 잊지 않도록 해주는 게 중요합니다.

LESSON
02
학습자 진단을 위한 13가지 질문

13가지 기준표

1. 나는 공부할 때 (조용히 / 말하면서) 공부하는 편이다.

   나는 조용히

   ....게 공부한다.

   나는 말하면서

   ....게 공부한다.

2. 나는 공부를 왜 해야 하는지 (알고 / 모르고) 있다.

   공부는

   .... 때문에 해야 한다.

   공부를

   ....한 측면에서, 왜 해야 하는지 모르겠다.

3. 나는 공부를 통한 내 목표가 (있다 / 없다)

   내 성적의 목표는 ....이다.

   내 장래희망, 꿈의 목표는 ....이다.

4. 나는 학습 플래너를 (이용한다 / 이용하지 않는다)

　　나는 플래너를 이용함으로써,

　　..한 도움을 받는다.

　　나는 플래너를 이용하지 않고,

　　..한 방식으로 공부하여

　　..한 도움을 받는다.

5. 나는 계획을 (매일 / 주 단위로 / 월 단위로 / 분기 단위로 / 시험기간에만) 세우는 편이다.

　　이렇게 세우는 이유는,

　　..하기 때문이다.

6. 고로, 나는 (계획형 / 벼락치기형) 학생이다.

　　하지만, 계획형이기 때문에

　　..한 점에서 어려움을 겪는다.

　　하지만, 벼락치기형이기 때문에

　　..한 점에서 어려움을 겪는다.

7. 나는 (노력형 / 천재형) 학생이라고 생각한다.

　　노력형이라 ....점이 좋지만,

　　..한 점은 아쉽다.

　　천재형이라 ....점이 좋지만,

　　..한 점은 아쉽다.

8. 나는 공부하는 데에 있어서 (철저한 감독이 필요하다 / 자율적 환경을 선호한다)

　　왜냐하면,

　　..기 때문이다.

9. 나는 공부할 때, (이론부터 확실히 이해 / 문제부터 풀고 이론을 이해)하는 유형이다.

　　그래서 종종 ....한 면에서 어려움을 겪는다.

10. 나는 (아침 / 일과 시간 / 저녁 / 밤 / 새벽)에 가장 집중이 잘 된다.

   그 외에 시간에는

   ....해서

   집중이 어렵고, 이 시간에는 주로 ....

   ....한 공부를 하려고 노력한다.

11. 나는 (주어진 대로 / 나만의 방법을 찾아가며) 공부하는 편이다.

   이 공부법은

   ....한 장점이 있지만,

   ....측면 때문에 반대의 공부 방법으로도 공부해보고 싶다.

12. 나는 오답을 정리할 때 (왜 틀렸는지 개념도 정리하는 편 / 답만 체크하고 스스로 풀어보는 편)
   이다.

   이 오답 정리 방법은

   ....한 장점이 있지만,

   ....측면 때문에 반대의 공부 방법으로도 공부해보고 싶다.

13. 나는 내 공부 방법에 확신이 (있다 / 없다)

   공부 방법에 확신이 있지만,

   ....한 부분이 조금은 걱정된다.

   공부 방법에 대한 확신이 없기 때문에,

   ....한 부분을 도움 받고 싶다.

13가지 기준표 및 그 외 학습 진단표는 '카카오톡'을 통해서도 진단할 수 있지만, 구글 문서 도구와 ZOOM을 통해서도 진단할 수 있다.

카카오톡 / 전화로 진단 진행할 시

1. 학생과 카톡, 통화를 통해 코치가 직접 내용을 채우는 방법
2. 구글 문서도구의 동시 편집 기능을 통해, 학생이 작성한 내용을 보며 동시에 코칭을 진행하는 방법(권장)

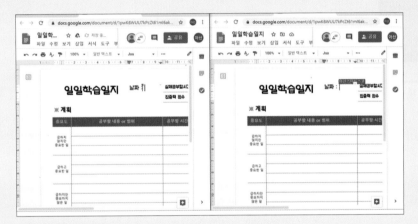

ZOOM으로 진단 진행할 시

1. 화상 대화 중 채팅을 통해 학생이 답변을 적도록 하는 방법

2. 화면 공유를 통해 학생이 작성하거나, 코치가 대화하며 작성하는 방법

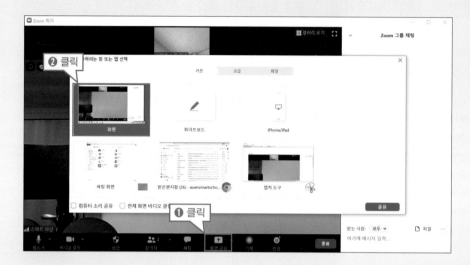

카카오톡을 통해 어느 정도 학생과 라포를 형성 했다면, 학생 진단은 반드시 얼굴을 보고 진행하는 편이 좋다. 진단의 목적이 단순히 '양식 채우기'에 있는 것이 아니라, 이 진단 안에서 해결책을 강구해야 하기 때문에, 학생과 대화를 통해 '학생이 그렇게 생각하는 이유'에 대해 파악하는 것이 중요하다.

그렇기에, 가장 권하는 방법은

• 학생이 먼저 양식을 채워오도록 하기
• 학생이 채워온 양식을 함께 살펴보며, 왜 그렇게 생각하는지 물어보기
• 코치는 학생의 답을 기록하기
• 각 문항에 맞춰, 학생에게 솔루션 찾아주기

처음부터 양식을 함께 채워 나가는 방법도 좋은 방법이지만, 학생의 선 작성을 권하는 이유는 다음과 같다.

• 코치와 함께 작성하면 학생은 코치의 눈치를 보고 작성하게 된다.
• 학생이 스스로 내용을 작성하면서, 자신의 학습 방식에 대해 고찰할 시간을 주는 것이 좋다.
• 작성에 시간을 쏟기보다는, '왜 그렇게 생각하는지'에 초점을 맞춰서 코칭 시간을 보내는 편이 효율적이기 때문이다.

그렇기 때문에, 구글 문서 도구나 ZOOM을 통해 완성된 내용을 살펴보고, 함께 방향을 찾아가는 편이 좋다. 학생 스스로 학습 방법에 대해 고찰한 후, 코치와 대화를 나누며 학습에 대해 진지한 생각을 갖게 해주자.

★ 자세한 방법은 '3부 언택트 학습코칭 도구' 내 구글 문서 및 ZOOM 파트에서 찾아보실 수 있습니다.

각 문항마다 '나는 왜 그렇게 공부하는지', '이 공부법의 장단점은 무엇인지'를 생각하면, 스스로 공부법의 장단점을 파악할 수 있을 것이다. 또한, 이 기준표를 같이 작성한 코치 역시, 이 학생이 어떤 습관을 갖고 공부하고 있는지, 어떤 성향을 갖고 있는 친구인지를 보다 빠르게 파악할 수 있다.

그렇다면, 첫 번째 기준부터 같이 차근히 살펴보자.

❶ 공부 스타일 A – 읽기/쓰기 vs 듣기/말하기

---

1. 나는 공부할 때 (조용히 / 말하면서) 공부하는 편이다.

나는 조용히

....게 공부한다.

나는 말하면서

....게 공부한다.

학습 코치는 이 질문을 통해 많은 부분을 대비하고 제안할 수 있다. 학습코칭 과정에서 '공부/계획 이행 여부 확인 방법'을 확인할 수 있고, 학생에게 적합한 '학습 환경'을 제안할 수 있다.

조용히 공부하는 학생의 경우 '조언'보다는 '습관'만 잡아주면 된다. 이미 한국 사회에서 만연하게 진행하고 있는 학습 환경에 맞춰 공부하면 되기 때문에, 말하면서 공부하는 유형처럼 별다른 공부 방법이나 환경에 대해 '조언'하지 않아도 된다. 다만, '조용히 공부'하면서 '내향적'이기까지 한 학생은 자신의 의사를 잘 표출하지 않는 경우가 많기 때문에, 지속해서 대화를 이어가며 학생의 문제점에 귀 기울여 줘야 한다. 더불어, 아래 기준표에 따라 '조용히 공부할 때' 어떤 방향으로 공부하면 좋은지만 잡아준다면, 학교에서도 혹은 학원에서도 문제없이 공부할 수 있을 것이다.

여기서 많은 부모님, 그리고 선생님이 걱정하는 학생은 '말하면서 공부하는 학생'이다. 다소 산만한 학생으로 보일 수 있어, '공부를 하지 않는다.'라고 생각하는 경우도 많다. 하지만 이 유형에 속하는 대부분의 학생은 '말하고 들으면서' 지식을 되새긴다. 책에 형광펜 한 줄 긋는 것보다 칠판에 내가 아는 지식을 풀어서 설명할 때 이해가 쉽고, 인형이라도 괜찮으니 누군가를 앉히고 내가 아는 지식을 풀어나갈 때 지식을 온전히 습득하는 유형인 것이다.

실제 이런 성향을 가진 학생 중 높은 성적을 얻은 학생을 대상으로 '공부 방법'에 대해 질문한 결과, 대부분 칠판 있는 강의실을 빌려서 필기하며 수업을 진행하거나 노래를 만들고, 인형을 앉혀 둔 채 수업을 하는 등의 형식으로 공부했을 때 성과가 가장 좋았다는 답을 들을 수 있었다.

이처럼, 이 학생들은 독서실, 도서관, 조용한 자습시간 등 '조용한 분위기'에서는 집중력이 저하되는 경우가 많아, 계획 중 일부는 '말하면서 공부할 수 있는 시간'을 마련해 주는 편이 좋다. 멘토링을 구성하여 설명할 수 있게 한다든가, 칠판이 있는 스터디룸을 마련해주고 이 안에서 설명할 수 있도록 하는 게 좋다.

코치는 이런 학생을 위해

- 암기 과목의 특정 단원을 코칭 시간에 선생님에게 설명해달라고 하거나
- 칠판을 두고 수업하는 모습을 찍어서 보내 달라고 하거나
- 반대 성향의 친구들과 멘토링 or 스터디 구성을 도와준다면

학생이 보다 마음 놓고 학업에 임할 수 있을 것이다. 코칭을 통한 강제성이 부여되기 때문에 스스로 공부할 수 있게 되는 것은 물론, 이 유형의 학생을 이해하지 못하는 부모님, 선생님에게는 '코칭 과제'라는 명분을 내세울 수 있기 때문이다.

이처럼 작은 성향의 차이가 공부 환경과 방법, 코칭 방법의 차이를 불러온다. 왜 이렇게 공부하고, 이 공부법의 장단점은 무엇인지 차근히 파헤쳐가며 학생 맞춤형 공부 방법을 찾아나가자.

❷ 공부 의지와 목표

2. 나는 공부를 왜 해야 하는지 (알고 / 모르고) 있다.

   공부는

   .... 때문에 해야 한다.

   공부를

   .... 한 측면에서, 왜 해야 하는지 모르겠다.

3. 나는 공부를 통한 내 목표가 (있다 / 없다)

   내 성적의 목표는 .... 이다.

   내 장래희망, 꿈의 목표는 .... 이다.

라포 형성 과정에서 '왜' 대화법이 수월하게 진행되었다면, 2, 3번 문항은 어렵지 않게 채울 수 있을 것이다. '동기 부여'와도 연결되는 부분인데, 공부를 왜 해야 하는지 알거나 목표를 갖고 있다면 학습코칭은 어렵지 않게 이어질 수 있다.

이 두 질문에서, 학생을 크게 네 가지 유형으로 나눌 수 있다.

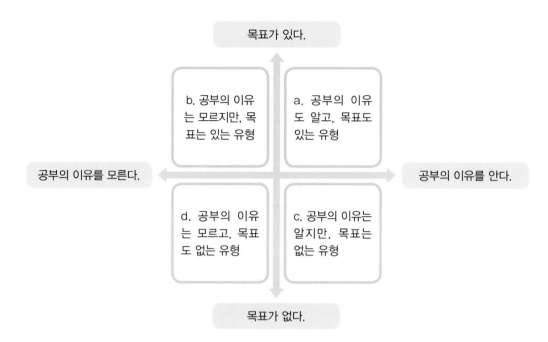

목표가 있다.

b. 공부의 이유는 모르지만, 목표는 있는 유형

a. 공부의 이유도 알고, 목표도 있는 유형

공부의 이유를 모른다.

공부의 이유를 안다.

d. 공부의 이유는 모르고, 목표도 없는 유형

c. 공부의 이유는 알지만, 목표는 없는 유형

목표가 없다.

▶ a. 공부의 이유도 알고 목표도 있는 유형

이 유형은 이미 동기 부여가 되어있는 학생으로, '학습 코치'가 진정으로 '학습 가이드'를 해줄 수 있는 유형이다. 다른 문항을 통해 파악한 내용을 기반으로 학생에게 최적화된 공부 방법을 구성해주고, 이 의지와 목표 의식이 약해지지 않도록, 옆에서 독려자의 역할을 수행한다면 학생에게 큰 힘이 될 것이다.

 a 유형에게 필요한 코칭

- 단/장기적, 일/주/월/분기별 체계적 계획·수립 가이드 해주기
- 고등학생의 경우 생활기록부 관리 등 준비 과정 구체화 해주기
- 멘탈 관리, 공부 독려, 자신감 불어넣기
- 롤모델 설정해서 체계적으로 준비할 수 있도록 도와주기

▶ b. 공부의 이유는 모르지만 목표는 있는 유형

목표가 있는 데도 불구하고 공부의 이유를 모르는 학생의 대부분은 '시험기간에만 공부하는 벼락치기형' 유형이거나, 본인이 '천재형'이라고 믿고 있다. '어떤 사람이 되고 싶다.'는 생각은 있지만, 본인은 할 수 있다는 믿음이 강하거나, 아직 목표가 뚜렷하지 않거나, 진로 및 진학의 어려운 현실을 모두 파악하지 못했을 가능성이 높다.

이 유형에게는 현실을 알려주거나, 목표가 되기 위한 과정을 구체화해주거나, 단기적 목표를 지속해서 수립해주는 형식으로 진행해야 한다. 현실과 목표를 향한 길에 대해 세세히 알려주며 공부의 필요성을 전달한다면, 공부에 대한 의지를 북돋울 수 있다. 적어도 시험 기간에는 열심히 공부하는 친구라면, 코치가 주기적으로 시험을 설정하고, 이 시험의 필요성을 부여하여 한 단원, 한 과목씩 체계적으로 공부하도록 지도한다.

 b 유형에게 필요한 코칭

- 목표를 이루기 위한 구체적 목표(성적이라면 구체적 수치, 생활기록부/관리라면 선배들의 구체적 스펙 나열)를 제시해주기
- 학생의 현재 위치를 알려주며 공부의 필요성과 이유에 대해 알려주기
- 주기적으로 시험을 만들고, 이 시험의 필요성을 부여하기

▶ c. 공부의 이유는 알지만 목표는 없는 유형

오히려 이 유형은 목표만 찾아준다면 쉽게 코칭할 수 있다. 막연히 정시로 대학에 진학할 예정이고, 목표가 없어도 의지가 충만하다면 이에 맞춰 학습 가이드만 진행해주어도 되지만, 그렇지 않고 공부 정도가 적당하고 수시로 대학을 진학해야 하는 상황이라면 목표 부여가 반드시 필요한 상황이다.

무엇보다 이 유형에게 목표가 부여된다면, 그 누구보다 공부에 열을 올릴 수 있다. 그렇기에 학습 가이드 역할을 충실히 이행하며, 함께 목표를 찾아주고자 노력해야 한다.

c 유형에게 필요한 코칭

- 많은 직업적 롤모델을 찾아 보여주기
- 학습 의지가 꺼지지 않도록 학습 가이드 해주기
- 많은 대화를 통해 어떤 직업이 좋을지 탐색해주기
- 학교 생활에 대해 이야기 나누며, 적합한 방향 찾아주기

▶ d. 공부의 이유도 모르고 목표도 없는 유형

가장 코칭하기 어려운 유형이다. 공부를 해야 한다는 생각을 갖고 자의로 코칭에 참여했다면 그나마 수월하겠지만, 이 유형의 대부분은 타의에 의해 프로그램에 참여한다.

대부분 이 유형의 학생들에게 막연히 장래 희망, 꿈부터 잡아주고자 노력하지만, 이 경우 대부분의 학생은 꿈을 '먼 나라 이야기'쯤으로 생각한다. 공부를 제대로 하지 않았기 때문에 코치와 잡는 꿈은 이룰 수 없는 꿈이라고 생각해서, 공부와 더욱 멀어지기도 한다.

이 경우, 작은 성취감부터 심어주는 것이 좋다. 대부분 공부가 손에 잡히지 않거나 이에 관해 칭찬을 받은 적이 없기 때문에, 공부는 나의 길이 아니라고 생각한다. 이에 작은 습관부터 심어주고 성취에 대해 칭찬해주며, 학생이 공부에 대해 관심을 가질 수 있도록 유도하는 것이 가장 좋다. 이렇게 느리지만 조금씩 공부의 이유를 깨닫게 되어 c 유형이 된 후, 꿈을 찾아주기 시작한다면 빠르게 성장할 수 있을 것이다.

 d 유형에게 필요한 코칭

- 아주 작은 습관부터 들여주기
- 작은 성취에도 칭찬해주기
- 작은 성취와 그에 따른 변화를 구체적으로 보여주며 자신감 불어넣기
- 공부할 수 있고, 하면 오른다는 확신을 보여주기

❸ 학습 계획 수립

4. 나는 학습 플래너를 (이용한다 / 이용하지 않는다)

　　나는 플래너를 이용함으로써,

　　..한 도움을 받는다.

　　나는 플래너를 이용하지 않고,

　　..한 방식으로 공부하여

　　..한 도움을 받는다.

5. 나는 계획을 (매일 / 주 단위로 / 월 단위로 / 분기 단위로 / 시험기간에만) 세우는 편이다.

　　이렇게 세우는 이유는,

　　..하기 때문이다.

계획을 세우든, 세우지 않든 성적이 공부의 성과를 보여주기 때문에, 계획을 잘 세우지 않는 학생들은 '계획'의 필요성을 크게 느끼지 못한다. 하지만, 짧게는 중-고등학교 6년, 길게는 인생 전체라는 장기 레이스를 달리기 위해서, '계획'은 나무가 아닌 숲을 보게 하는 중요한 도구가 될 수 있다.

자세한 내용은 이후 'WHEN' 파트에서 시간 관리 방법과 함께 배우겠지만, 이 과정에서 코치는 '계획의 중요성'에 대해 알려야 한다. 학습 플래너를 이용하지 않고 계획을 세우지 않는다면, 시험 기간과 같은 중요한 시기에 융통성 있게 공부할 수 있지만, 장기적으로 봤을 때 놓치는 부분이 있을 수 있음을 알려야 한다.

대부분 플래너를 이용하지 않고 공부하는 친구들은 '계획이 숨이 막혀요.', '저는 하고 싶은 공부를 해야 집중이 잘 돼요.' 혹은 '계획 못 지키면 다음 공부를 하고 싶지 않아져요.'라며 자신의 공부 방법에 정당성을 부여한다. 이 모든 이유의 공통점은 '융통성'을 필요로 한다는 점이다. 이 유형의 학생들은 '일주일에 하루', '하루 중 특정 시간'을 융통적으로 활용할 수 있도록 하여, 계획에 숨통을 트여주는 것이 가장 중요하다.

또한, '매일 계획, 주 계획' 등 단기적인 계획만 세우는 친구들에게는 '월, 분기'와 같이 장기

안심Touch

적인 목표를 세우고, 이 목표를 향한 계획을 단기적으로 나눠주는 것이 중요하다. 더불어, '월, 분기'와 같이 장기적인 계획은 세우지만, 단기성 계획 수립에 어려움을 보이는 학생에게는 하루 하나씩, 작은 습관부터 들여주며 '단기 계획의 성취감'을 보여주는 것이 중요하다.

가장 문제는 '시험 기간에만 계획을 세우는' 학생이다. 일단 이 학생의 경우 시험 기간에는 어떻게 계획을 세우는지를 확인하여, 단기 계획형인지, 장기 계획형인지 등을 확인하는 것이 우선시되어야 한다. 또, 이 경우 계획의 필요성을 잘 느끼지 못하는 경우가 많아, 앞선 '장기 계획형 학생'처럼, 작은 습관을 들여주고 이 단계에서 작은 성취감과 이를 통한 변화를 체감할 수 있도록 도와야 할 것이다.

❹ 공부 스타일 B – 계획/노력형 vs 유연/천재형

---

6. 고로, 나는 (계획형 / 벼락치기형) 학생이다.

하지만, 계획형이기 때문에

....한 점에서 어려움을 겪는다.

하지만, 벼락치기형이기 때문에

....한 점에서 어려움을 겪는다.

7. 나는 (노력형 / 천재형) 학생이라고 생각한다.

노력형이라 ....점이 좋지만,

....한 점은 아쉽다.

천재형이라 ....점이 좋지만,

....한 점은 아쉽다.

앞에서 살펴보았듯이 계획형, 벼락치기형은 각각의 장단점이 있다. 다음 표에 학생이 스스로 계획형과 벼락치기형의 장단점을 정리할 수 있도록 하자.

구 분	계획형	벼락치기형
장 점		
단 점		
장점 중, 내가 갖고 싶고, 가질 수 있는 장점		
각 유형의 장점을 가져가려면 어떻게 해야 하는지 (코치 선생님과 의논해보기)		

 언택트 활용 노하우!

★ 구글 문서 '동시 작성' 기능과 ZOOM을 동시에 사용하여, 학생이 작성하는 모습을 관찰하고, 이
에 대해 논의하도록 합니다!

해당 내용을 코치와 함께 작성하면서, 본인 공부 방법의 부족한 점을 파악하고 보완하기 위
한 방향을 고안해야 한다. 또, 이 과정에서 내가 '다른 유형의 장점'을 알면서도 시행하지 못
했던 이유, 왜 시행하지 못했는지, 시행하려면 어떻게 해야 하는지, 어떤 노력을 해야 하는
지도 구체화한다면, 학생 스스로 문제를 자각하고 보완하고자 노력할 수 있을 것이다.

'노력형'과 '천재형'도 비슷하다. 대다수 노력형은 '저는 해도 안돼요.'라며 자신감이 저하되
어 있을 가능성이 높지만, 항상 공부에 최선을 다한다. 반면 천재형은 '저는 열심히 안 해도
되더라고요.'라며 높은 자신감을 갖고 있지만, 이로 인해 시험 기간이 아닌 기간에는 공부에
소홀할 수 있다.

안심Touch

두 유형 모두 '너는 할 수 있어.', '너는 잘 할 거야.'라는 자신감을 불어넣는 것도 중요하지만, 전자의 경우 공부의 방향이 잘못되어 있을 수 있으니 새로 잡아주고, 후자의 경우 학생의 부족한 부분을 찾아 꾸준한 공부의 필요성을 찾아주는 것이 중요하다.

즉, 노력형은

- 공부를 해도 공부 한만큼 성적이 잘 나오지 않는 이유는 뭐라고 생각하는지
- 내 공부의 효율은 어느 수준인 것 같은지
- 공부의 효율을 높이려면 어떤 점을 보완해야 할 것 같은지

에 대해 정리할 수 있도록 도와주고,

천재형은

- 공부를 적게 해도 성적이 잘 나오는 이유는 뭐라고 생각하는지
- 그 안에서도 나의 부족한 부분은 무엇인지
- 내가 꾸준히 공부한다면 어느 수준까지 올라갈 수 있을지

에 대해 같이 정리할 수 있도록 도와줘야 한다.

❺ 공부 스타일 C – 자율 vs 통제

> 8. 나는 공부하는 데에 있어서 (철저한 감독이 필요하다 / 자율적 환경을 선호한다)
>   왜냐하면,
>   ....기 때문이다.

철저한 감독 체계가 구속과 간섭처럼 느껴지는 학생들이 있다. 관리 감독 체계가 강한 학원이나 강제로 공부를 해야 하는 상황에서 집중도가 낮아지는 경우가 바로 이런 경우다. 반면 자율적인 환경에서 해이해지는 학생도 많다. 누군가 자신을 강하게 관리해주고 감독해줄 때, 강제성에 의해 효율을 낼 수 있는 학생인 것이다.

대부분 철저한 감독이 필요한 경우는 학원에 의존하는 경우가 많고, 자율적 환경을 선호하는 학생의 경우 독서실+인터넷 강의의 조합을 선호하는 편이다.

학원에 의존하는 경우 문제점은 '학원 외 공부를 하지 않는다'는 점이다. 그나마 학원 숙제라도 해야 공부를 하기 때문에 학원을 다닌다고 하는 친구들은, 학원 숙제가 끝나고 나면 '공부를 다 했다'라는 생각 때문에 더 이상의 자기 주도적인 학습을 병행하지 않는다. 실제 코칭을 오는 친구들 중 특정 친구들은 '학원 때문에 공부할 시간이 없어요.'라고 이야기한다. 이 경우 불필요한 학원의 수를 줄이거나 인터넷 강의로 옮기는 방법이 있고, 혹은 다른 가용 시간을 확보하여 적은 양이라도 스스로 공부하게 하는 것이 중요하다.

여기서 코치의 역할이 중요하다. 학생이 학원에서 배우는 내용을 검토하고, 학생 수준에 비해 중요도가 떨어진다면 과감히 다른 자율을 강제적으로 투입해야 하기 때문이다. 또한, 학원이 끝난 후 가용 시간을 활용하지 않는 친구들이 자기 주도적인 학습을 하기 위해서는, 초반에 매일 혹은 주기적으로 코치와 함께 세운 계획을 이행했는지 확인하며 강제성을 부여해야 한다.

자율적인 학습 환경을 선호하는 경우는 코치가 학생의 상황을 명확히 구분할 수 있어야 한다. '정말 감독이 구속과 간섭처럼 느껴지는 유형'인지, '공부하기 싫어 자율적인 학습 환경을 선호하는 유형'인지를 파악해야 한다.

전자의 경우, 자기주도 학습 역량이 어느 정도 인지를 파악하고, 스스로 공부하는 학생에게 방향만 명확히 잡아주면 된다. 하지만, 후자의 경우라면 이야기는 달라진다. 공부 자체가 싫어 도망친 경우이기 때문에, 어느 정도의 강제성이 부여되어야 한다. 학원에 수강하게 하는 것도 하나의 방법이고, 매일 영어 듣기 1회씩만 하기, 매일 수학 문제 한 챕터씩만 풀기 등 작은 강제성을 하나씩 부여하는 것도 자기주도 학습을 끌어내는 방법이 될 것이다.

❻ 공부 스타일 D – 개념 우선 vs 문제 우선

> 9. 나는 공부할 때, (이론부터 확실히 이해 / 문제부터 풀고 이론을 이해)하는 유형이다.
>
>   그래서 종종 ....한 면에서 어려움을 겪는다.

이론부터 확실히 이해하고 문제를 푸는 친구들의 단점은 '책의 앞 부분만 본다.', '이론을 문제에 적용하지 못한다.', 크게 이 두가지로 나뉘게 된다. 시험이라는 특정 기간이 정해져 있음에도 불구하고, 이론만 이해될 때까지 보느라 이 이론을 문제에 어떻게 활용하는지 모르고 시험장에 들어가게 된다. 물론 이론을 완벽하게 이해하고 꼼꼼히 살펴봐서 남들은 놓치는 부분을 챙길 수 있다는 장점이 있지만, '문제에 주로 나오는 이론', '이론 활용법' 등을 제대로 파악하지 못해 실제 시험에서는 낮은 점수를 받기도 한다.

반면 '문제부터 풀고 이론을 이해'하는 유형의 단점은 '작은 부분을 놓친다.', '지식을 체계적으로 쌓지 못한다.'는 점이다. 공부의 효율을 최우선으로 추구하는 유형으로, 문제에 주로 나오는 이론만 공부하다 보니 이론의 원리, 배경 등 작지만 중요한 부분들을 놓치게 된다. 또한, 이로 인해 지식을 체계적으로 쌓지 못해, 원리나 배경을 묻는 문제가 나오거나 문제를 조금이라도 다르게 응용하면 바로 좌절하게 된다.

이에, 코치가 각자 다른 방향을 제시해준다면, 단점을 보완한 공부 방법을 숙지할 수 있을 것이다.

 이론 우선형

- 이론 한 단원 + 바로 문제가 있는 문제집으로 공부할 수 있도록 하기
- 이론을 회독하는 횟수를 줄이고, 문제부터 풀어볼 수 있도록 도와주기
- 목표 달성을 위한 진도를 구체화해주고, 진도 나가는 것이 중요하다고 인지시키기
- 한 단원을 꼼꼼히 보기 보다는, 전 범위를 여러 회독 하는 것이 중요함을 알려주기

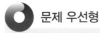
문제 우선형

- 코칭 시간에 이론에 대해서 설명해보도록 하기
- 문제에 적용된 원리 모두 분석해보도록 하기
- 특히 응용문제를 중심으로, 어떤 원리와 배경이 적용됐는지 이론을 기반으로 오답노트를 작성할 수 있도록 하기
- 많은 문제를 풀고 많은 이론을 접하도록 하기

❼ 선호 공부 시간

10. 나는 (아침 / 일과 시간 / 저녁 / 밤 / 새벽)에 가장 집중이 잘 된다.

   그 외에 시간에는

   .... 해서

   집중이 어렵고, 이 시간에는 주로 ....

   ....한 공부를 하려고 노력한다.

공부가 잘 되는 시간에만 공부를 시키기 위해 이 질문을 하는 것이 아니다. 각 시간 집중도를 파악하여, 매일 중요 계획을 분배하는 것이 중요하다. 아래 표부터 채워보자.

시 간	집중도 순위(1~5)	주로 하는 공부
아 침		
일과 시간		
저녁 시간		
밤		
새 벽		

언택트 활용 노하우!

★ 이 부분은 코치 선생님이 직접 작성하는 편이 좋습니다. 학생과 대화하면서 해당 양식에 코치가 미리 정리한 후, 공유 드라이브, 카카오톡, 밴드 등을 통해 해당 내용을 업로드 해주세요! 이후 이 내용을 중심으로, 하루 공부 계획을 세워주세요.

아침형 학생인지, 올빼미형 학생인지를 파악하여 어느 시간에 집중도가 더 높은지, 집중도가 높은 시간에 주로 어떤 공부를 하는지 파악해두면 나중에 계획 수립에 도움이 된다. 예를 들어, 집중도가 가장 높은 시간에 암기형 공부를 하고, 집중도가 가장 낮은 시간에 수학 문제를 풀거나 영어 단어를 외운다든지 본인만의 시간대별 공부 내용을 정의해두는 것이 좋다.

또, 이 내용을 기반으로 학생이 활용하지 않는 시간을 파악하고, 이 시간에 계획을 넣어주며 학생이 대다수의 시간을 온전히 활용할 수 있도록 지원해야 할 것이다.

❽ 공부 스타일 E – 단체 여행형 vs 자유 여행형

11. 나는 (주어진 대로 / 나만의 방법을 찾아가며) 공부하는 편이다.

    이 공부법은

    ....한 장점이 있지만,

    ....측면 때문에 반대의 공부 방법으로도 공부해보고 싶다.

책과 강의에서 주어진 대로 공부하는 친구가 있는가 하면, 강의와 책에 담긴 내용 외의 자료를 찾거나 자신만의 암기법 등 공부 방법을 찾아가며 공부하는 친구가 있다.

전자의 경우 혹여 시험에서 주어진 내용 외의 문제나 응용문제가 나오게 된다면 혼동을 겪는다는 단점이 있고, 주입식으로 공부하는 유형이기 때문에 내용 자체를 온전히 이해하지 못하는 경우도 있다. 또한, 나만의 암기법 등을 찾는 친구들보다 공부의 효율성이 떨어질 수 있기 때문에, 코치는 학생이 공부의 효율을 높일 수 있도록 도와줘야 한다.

후자의 경우 배운 내용 외의 내용을 찾기 때문에 막상 시험에서 나오는 문제를 틀릴 수 있고, 과한 정보 투입으로 인해 실질적으로 시험에서 필요한 지식을 머리에 넣지 못하는 경우를 대다수 볼 수 있다. 더불어, 나만의 공부법을 찾기 때문에 공부의 효율을 높일 수 있지만, 공부 과정에서 이 방법만 찾다가 오히려 공부의 효율을 낮추는 학생도 다수 볼 수 있었다. 이 경우 공부 시간에 핸드폰 등 정보를 찾을 수 있는 다른 도구를 시야에서 없앤 뒤 공부할 수 있는 환경을 만들어줘야 하고, 지속해서 문제를 풀게 하며 시험에 필요한 지식을 빠르게 습득할 수 있도록 도와줘야 한다.

❾ 오답 정리 여부

> 12. 나는 오답을 정리할 때 (왜 틀렸는지 개념도 정리하는 편 / 답만 체크하고 스스로 풀어보는 편)
> 이다.
> 이 오답 정리 방법은
> .... 한 장점이 있지만,
> .... 측면 때문에 반대의 공부 방법으로도 공부해보고 싶다.

틀린 문제에 어떻게 대처하는지도 공부 습관 형성에 중요한 요소이다. 실제 코칭을 진행하다 보면 틀린 문제에 세세히 개념까지 되짚는 친구가 있는가 하면, 답만 체크하고 스스로 풀어보거나 다시 풀었을 때 답만 맞추면 다시 돌아보지 않는 친구도 있다. 학생의 성적, 과목에 따라 오답 대처법이 다르겠지만, 코치의 판단 하에 오답 습관을 다시 잡아주는 것 역시 굉장히 중요하다.

특히, 답만 체크하고 스스로 풀어본 후 답을 맞추면, 다시 돌아보지 않는 친구들을 가장 관리해줘야 한다. 내가 왜 틀렸고, 어떤 부분에서 헷갈렸고, 다시 풀었을 때 어떻게 맞출 수 있었는지 등 과정을 돌아보지 않는다면, 추후 같은 문제에서 다시 틀릴 수 있다.

학생이 오답의 중요성을 깨닫게 하는 것 역시 코치의 중요한 역할이다. 실제 코칭 과정에서 필자는 모든 문제에 대해 이 답이 왜 맞고, 왜 틀리는지를 하나하나 물어보았다. 객관식의 경우 이 보기는 어떤 부분에서 맞는지, 어떤 부분에서 틀린 답인지, 이 문제에는 어떤 개념이 활용되었는지, 어떤 개념이 헷갈렸었는지, 그 개념은 어떤 내용인지 등을 하나하나 물어보며 학생이 헷갈리는 개념을 정리할 수 있도록 도왔다.

이 질문을 통해 코치는 학생이 오답 앞에 당당히 설 수 있도록, 같은 개념은 다시 틀리지 않을 수 있도록 어떻게 안내해야 하는지 고안해야 한다.

⑩ 방향에 대한 확신

13. 나는 내 공부 방법에 확신이 (있다 / 없다)

    공부 방법에 확신이 있지만,

    ....한 부분이 조금은 걱정된다.

    공부 방법에 대한 확신이 없기 때문에,

    ....한 부분을 도움 받고 싶다.

마지막으로 학생이 공부 방법을 얼마나 확신하고 있는지, 어떤 부분을 도움 받고 싶은지를 파악해야 한다. 공부를 확신하고 있는지 여부에 따라 코치의 역할은 크게 달라질 것이다. 확신을 갖고 있는 학생의 경우, 코치는 '든든한 울타리'가 되어주면 된다. 부족한 부분이 있다면 공부 방법을 코치해주되, 확신이 있고 잘 해내고 있다면 '잘 해내고 있다.'라는 확신을 주는 게 중요하다. 확신이 있음에도 코칭 프로그램을 찾는 이유는, 단 하나 '불안' 때문이다. 공부 방법은 신뢰하지만, 앞으로 내가 잘 해낼 수 있을지에 대한 불안함 하나로 찾는 것이다. 그렇기 때문에, 코치는 옆에서 학생의 불안을 덜어주고 독려해주는 울타리의 역할을 수행해야 한다.

반면, 공부 방법 자체에 대해 확신이 없는 친구라면, 여태껏 우리가 살펴본 코치의 역할을 충실히 수행해야 한다. 먼저, 학생이 도움 받고 싶어 하는 부분을 먼저 해결해 주고, 13가지의 질문을 통해 학생의 문제점을 하나하나 짚어 나가야 한다. 학원이 아닌 코칭의 진정한 가치는, '자신의 공부법으로 나아가는 자기주도 학습 습관'에 있다. 코칭을 통해, 추후 학생이 자기 자신만의 공부법을 찾아 스스로 학습할 수 있도록, 앞서 살펴본 질문을 기반으로 방향을 잡아주자.

안심Touch

LESSON
03
동기 관리

항상 코칭을 할 때에는 '오버액션'을 아끼지 않는 편이다. 학생의 조그만 성취에도 '이것봐, 하면 되잖아.', '역시 ○○이네.' 등 감탄을 표했다. 이처럼 오버 액션과 감탄을 멈추지 않은 이유는, 오직 학생에게 자존감을 불어넣기 위해서였다.

대부분의 학생은 공부에 대해 '긍정적인 표현'보다 '부정적인 표현'을 더 자주 접했을 것이다. 학생의 성취를 과소평가하는 발언이나, '네가 그렇지 뭐'와 같이 학생의 한계를 결정짓는 말 등 학생이 '역시 난 안돼'라는 부정적 생각으로 빠질 수 있는 환경이 다방면으로 마련이 되어 있었을 것이다.

학생은 그렇게 '나는 해도 안돼'라는 생각에 빠지게 되는 것은 물론, 성과도 재미도 없는 공부를 너무도 당연히 멀리하게 된다. 적어도 학생이 공부에서 도망치지 않기 위해서는, '하니까 나온다.'는 믿음이 있어야 한다. 그렇기에 모든 코칭의 기본은 '작은 성취감도 느낄 수 있도록'하는 데에 있고, 학생의 자존감, 자기 효능감을 높이는 데에 있다.

그렇기에 코치는 칭찬을 적절히 이용할 수 있어야 한다. 그리고 학생의 감정에 공감하고 이해하며, 재미없는 공부도 버티면서 할 수 있도록 코칭해야 한다. 이에, 두 번째 파트에서는 학생에게 적절하게 동기부여 하는 방법에 대해 알아보고자 한다. '동기 부여의 시작, 말의 부여, 일상의 부여'의 3단계로 학습 동기를 부여해보자.

❶ 동기 관리의 시작

컬럼비아대학교 동기과학센터에서 지은 '어떻게 의욕을 끌어낼 것인가'라는 책에는 사람을 '성취 지향형'과 '안정 지향형'으로 나눌 수 있다고 기재되어 있다. 단어가 다소 생소하게 들릴 수 있지만, 이 두 유형 모두 우리가 교실에서, 강의실에서 쉽게 보는 친구들의 모습이다.

이 책에 따르면, '성취지향형'인 사람은 '목표'로 움직인다. 이 일을 성공했을 시 얻을 수 있는 보상과 혜택에 초점을 맞춰 움직인다. 반면 '안정지향형'인 사람은 '위기'로 움직인다. 이 일을 하지 않았을 때 발생할 모든 실패나 비판, 위기에 두려움을 느끼고, 이를 떨치고자 움직이는 유형인 것이다.

아래 간단한 표 작성을 통해, 학생의 성향을 알아보자.

구 분	내 용
나를 공부하게 하는 말	
나를 공부하게 하는 생각	
내 의욕을 저하시키는 말	
내 의욕을 저하시키는 생각	

언택트 활용 노하우!

★ 이 전 시간에, 이 표를 미리 공유 드라이브에 업로드하여, 학생이 미리 작성할 수 있도록 합니다. '성취 지향/안정 지향'에 대한 개념이 있는 코치가 질문을 유도한다면, 학생은 그 방향에 맞춰 답할 수밖에 없기 때문에, 미리 작성하게 한 다음 ZOOM을 통해 이 내용에 대해 논의하도록 합니다.

아마 학생 중에서도 '지금 공부를 하면 어떤 목표를 이룰 수 있어'라고 했을 때 움직이는 친구가 있는가 하면, 이 말에 시큰둥한 친구가 있을 것이다. 반면, '지금 공부하지 않으면 어떤 문제가 발생할거야.'라는 말에 크게 동기를 부여 받지 않는 친구가 있는가 하면, 이 말에 위기감을 느껴 적극적으로 움직이는 친구들이 있을 것이다.

이처럼, 위 표를 통해, 학생이 어느 상황에서 동기 부여를 받는지 확인하고, 학생이 어떤 유형의 사람인지 파악해야 한다. 나아가, 이에 맞춰서 동기를 부여하는 일 역시 코치의 몫이라고 볼 수 있다. 이를 위해, 우리는 학생에게 '시뮬레이션'을 보여줄 예정이다. 아래 표를 따라, 학생이 자신의 미래를 객관적으로 볼 수 있도록 도와주자.

현재 학생의 성적을 확보한다.

과목	국어		수학		영어	
항목	모의고사	내신	모의고사	내신	모의고사	내신
등급						
점수						

☑️ 라포 형성 및 진단 과정에서 정리한 학생의 성적을 활용합니다.
☑️ 중학생의 경우 학생의 점수 및 석차를 확보, 고등학교 등급으로 환산하여 계산합니다.

언택트 활용 노하우!

★ 성적 확보는 코치와 함께 진행합니다! 각 과목의 성적을 확인하며, 학생이 어느 부분을 주로 틀리는지 꼭 같이 확인해주세요!

학생이 목표나 꿈이 있는지를 확인한다.

구분	내용
목표	
진학 희망 대학/학과	

▶ 목표가 있는 학생의 경우(성취지향형)

구 분	내 용
현재 내 위치(성적)	
지금 성적을 유지한다면 나올 성과	
성적을 올린다면 나올 성과	
목표 달성을 위해 내가 해야 할 노력	

✅ 지금 성적을 유지한다면 나올 성과는, 현 성적으로 갈 수 있는 대학과 학과를 기재해줍니다.

✅ 성적을 올린다면 나올 성과는 구체적으로 기재해주세요. 예 n등급 올릴 시 OO 대학교 진학 가능

✅ 목표 달성을 위해 내가 해야 할 노력에는 어떤 과목을 어떻게 올려야 할지, 앞으로 내신은 얼마나 나와야 하는지 등을 코치와 함께 계획해주세요.

언택트 활용 노하우!

★ 구글 문서 동시 작성과 ZOOM을 활용해 함께 진행해주세요! 코치와 함께 이 표를 채운 다음, 학생이 코치 이후 다시 한번 어떤 목표에 이룰 수 있는지 찾아볼 수 있도록 과제를 내주시면 좋습니다.

▶ 목표가 있는 학생의 경우(안정지향형)

구 분	내 용
현재 내 위치(성적)	
지금 성적을 유지한다면 나올 성과	
공부를 제대로 하지 않으면 나오게 될 상황	

☑ 지금 성적을 유지한다면 진학할 수 있는 대학과 학과를 기재해주세요.
☑ 공부를 체계적으로 하지 않거나, 몰두하지 않는다면, 목표와 멀어질 수 있다는 점을 안내해주세요.

 언택트 활용 노하우!

★ 구글 동시 작성과 ZOOM을 통해 작성하신 후, 공유 드라이브에 업로드 해주세요! 이 내용 인쇄해서 학생이 꼭 잘 보이는 곳에 부착할 수 있도록 안내해주시면 더욱 좋습니다(카카오톡을 통해 부착한 후 확인 사진을 보내 달라고 해주셔도 좋습니다).

▶ 목표가 없는 경우

목표가 없는 경우에는 같이 목표를 찾아주는 것이 좋다. 뚜렷한 목표는 아니더라도 '목표의 범위'까지는 정해주는 것이 좋다. 즉, 학생이 어떤 성향이고 어떤 일을 좋아하는지를 함께 찾아, 범위를 최대한 좁혀주는 것이다. 특히 학생이 고등학생이라면 생활기록부, 학생부 종합전형 등을 위해 목표의 범위를 좁혀주는 것이 좋다.

다음의 내용을 채워보자.

구 분	내 용
내 인생의 목표	
내가 보는 '내 성향'	
타인&코치선생님이 보는 '내 성향'	
내가 좋아하는 모든 것	
한 번이라도 생각해봤던 일	
함께 찾아가는 목표	

언택트 활용 노하우!

★ 구글 동시 작성과 ZOOM을 통해 각자 작성할 부분을 동시에 작성해주세요!

구분	내용
내 인생의 목표	돈 많이 벌기 이름 날리는 사람 되기 TV에 나오는 사람 되기
내가 보는 '내 성향'	말하기를 좋아함 외향적임 계획적인 성격 창의력이 뛰어남
타인&코치선생님이 보는 '내 성향'	도전적인 성격 융통성이 조금 필요
내가 좋아하는 모든 것	외국어 다른 사람에게 관심 받기 매일 아침 신문 읽고 정리하기 글쓰기
한 번이라도 생각해봤던 일	통번역가 기자 아나운서 승무원
함께 찾아가는 목표	외신기자 영문학과, 제2외국어과, 언론홍보학과 목표로 준비하기

MBTI, U&I 검사처럼 구체적 검사를 병행한다면 보다 효과적이겠지만, 이와 같이 예시를 채워 넣어 학생의 목표를 찾아갈 수 있을 것이다. 이 과정은 실제로 학생부종합전형 및 생활기록부 코칭 과정에서 사용하고 있는 과정으로, 이 내용을 통해 학생이 지원할 수 있는 전공, 생활기록부에 작성할 목표를 같이 정리할 수 있도록 도와준다.

특히 성향 부분을 작성하는 데에는 '도전적이기보다는 안정적으로 서류를 정리하는 일', '사람을 응대해서 물건을 판매하는 일'처럼 자세하게 작성해 나간다면, 더욱 목표를 구체화할 수 있을 것이다. 이를 위해 코치는 여러 직업을 파악하고, 목표를 구체화할 수 있도록 도와주는 것이 중요하다.

성취지향형의 경우 이 내용을 기반으로 1번으로 돌아가 동기를 부여해주면 되고, 안정지향형의 경우 이 과정을 통해 목표를 구체화해서 알려준 후, 2번으로 돌아가 공부의 중요성을 알려주는 것이 좋다.

② 칭찬하기

'이것 봐, 하면 되잖아.'

라는 말을 코칭하며 가장 많이 사용했던 것 같다. 이 말 한마디에 학생은 자신감을 얻어 다시 책상에 앉기도, 공부에 의지를 다지기도 했다. 이처럼 '말 한마디'는 동기 부여 과정에 있어서 굉장히 중요하다. 어떻게 하면 힘이 되는 말로 학생을 독려할 수 있을지, 같이 살펴보도록 하자.

자존감을 불어넣어 주는 말

앞선 라포 형성 과정에서도 언급했지만, 대다수 학생은 공부에 대한 자신감이 낮아져 있다. 공부 잘하는 친구들을 만나 코칭하다보면 자신의 공부법에 대한 강한 확신이 있고 스스로에 대한 확신이 있다. 이 친구들은 확신을 갖고 꾸준히 앞으로 나아간다. 자존감이 높고 스스로에 대한 신뢰가 높기 때문에, 성적이 혹여 낮아졌을 때에도 다시 돌아오는 '회복력'도 높다.

학생의 입장에서는, 공부를 하더라도 들려오는 소리가 '잔소리'고 '부정적인 소리'라면 공부 자체에 흥미를 가질 수가 없다. 그렇지 않아도 하고 싶지 않은 공부인데, 하고 나서도 소위 말해 '욕'을 먹게 된다면, 학생이 아니라 성인일지라도 공부와 벽을 쌓게 될 것이다.

모두가 공부에 대해 부정적으로 언급할 때, 코치만은 자신감을 불어넣어 줘야 한다. 어떻게 하면 자존감을 불어넣어 줄 수 있을지 같이 살펴보자.

▶ 과정 칭찬하기

'성과'를 먼저 칭찬하게 된다면, 대부분의 학생은 '성과가 나오지 않을 때' 자신감과 자존 감을 잃게 된다. 성과보다는 과정과 성향을 먼저 칭찬해주면서 자존감을 쌓아주어야, 학 생이 스스로에 대한 확신을 갖게 된다. 특히, 부모님, 선생님 등 주변 대부분의 어른은 '성과'로 칭찬해주기 때문에, 공부한다는 자체에 대해 칭찬을 받는 경우는 드물 것이다. 이제, 아래 대화 방법대로 과정을 칭찬하며 학생의 자신감을 올려주자.

구 분	내 용
행위 자체를 칭찬해주기	• 공부를 했다는 그 자체를 칭찬해주기. 이를 통해 코치와의 약속의 중요 성, 계획 준수의 중요성 알려주기, 학생의 노력을 인정해주기 예 ○○이가 이 (계획)을 했네. 쉽지 않았을 텐데, 대단해! 　정말 선생님하고 약속을 지켜줬네
작은 변화 칭찬해주기	• 적은 양의 계획을 준수했더라도, 학생에게 나타난 작은 변화를 찾아서 칭 찬해주기. 작은 변화를 칭찬함으로써 변화 이전으로 돌아가지 않도록 해 주기 예 그래도 이렇게 늦지 않고 코칭을 오다니, 정말 잘했어. 　그래도 ○○이가 수학을 하려고 시도했다는 그 자체만으로도 대단해, 시 작이 반이라는 말도 있잖아.
'I Message'로 칭찬해주기	• '네가 잘못해서 그래.'가 아닌, '내 감정'에 대해 설명하며 학생 설득하기. 주로 부정적인 의사를 전달해야 할 때 사용하기 예 ○○이가 (계획)을 (정도)만큼 하지 않아서, 선생님은 속상해.

언택트 활용 노하우!

★ 카톡을 통해 일상에서도 계속 칭찬해주세요. 카카오톡으로 '친한 언니, 형'처럼 계속 연락할 수 있도록 하고, 공부 자세가 달라질 때마다 계속해서 칭찬해주세요.

▶ 성향 칭찬하기

사람은 자신만의 성향을 갖고 있다. 이 성향을 어떻게 활용하는지에 따라 학습 효율도가 달라질 수 있다. 물론 라포 형성 및 진단에서 개인의 성향을 어느 정도 파악했지만, 대다

수 학생은 이 성향을 공부 방법에 어떻게 활용할지, 또 나는 내 성향에 맞춰 어떤 직업을 가져야 평생 즐겁게 일할 수 있을지를 쉽게 파악하지 못한다.

학생 내면에 숨겨진 보석 같은 성향을 수면 위로 드러내서 활용할 수 있게 해주는 것도 코치에게 필요한 역량이라고 볼 수 있다. 주로 아래와 같이 이야기하며 동기를 부여할 수 있다.

구 분	내 용
성향 > 공부	• 학생의 성향을 파악하고, 이에 맞는 공부법을 발굴한다. 또한, 성향 자체로 칭찬해주는 것은 물론, 공부법도 같이 제시해주며 학생의 강점과 솔루션을 찾아준다. 예 우리 OO이는 되게 꼼꼼하네, 역사 문제를 풀 때도 오답만 찾지 말고. 꼼꼼하게 보기도 같이 찾으면 더 효과적일 것 같아. 우리 OO이는 큰 그림을 보는 능력을 가졌네. 시험공부를 할 때에도, 마인드맵처럼 목차를 크게 그리고 채워 나가는 것도 좋을 것 같아.
성향 > 꿈	• 학생의 성향을 파악하고, 이에 맞는 직업, 진로를 안내해준다. 목표 찾기에서 진행했던 내용을 바탕으로, 학생이 진로를 찾아갈 수 있도록 해준다. • 주로 목표를 찾지 못한 친구들에게 이야기해주며, 진로에 대해 고민할 수 있도록 해준다. 예 우리 OO이는 말도 굉장히 잘하고 영어도 엄청 잘하네. 외신 기자나 통번역사를 해도 좋을 것 같아. 우리 OO이는 꼼꼼하게 작은 오류를 잘 찾아내는구나. 통계나 회계 쪽 직업은 생각해본 적 있니?

▶ 성과 칭찬하기

학생이 계획대로 잘하고 있다면 '성과'에 대해 칭찬해주는 것이 좋다. 코칭 시간에 자체적으로 단어 시험을 만들어 풀어보게 한다든가, 수학 문제를 다시 풀게 하며 오른 점수에 대해 칭찬해주는 것도 하나의 방법이 될 수 있다.

다만 지나친 성과에 대한 칭찬은, 혹여 성과가 낮게 나왔을 때 학생의 자존감이 되려 떨어질 수 있으니, 1, 2번의 과정, 성향의 칭찬과 비중을 조정하는 것이 좋다.

❸ 공부 자극 제시

언택트 코칭 · **유튜브를 활용해 공부 자극 제시하기**

- 최근 영상 플랫폼을 통해, 우리는 우리가 알지 못했던 여러 삶을 간접적으로 체험해 볼 수 있다. 학생들 역시, 유튜브를 통해서 공부 자극을 받거나 공부하는 모습을 공유하며 서로 동기를 부여하고, 부여받고 있다.
- 코치는 Youtube를 활용해, 학생들에게 다음과 같은 코칭을 진행할 수 있다.
- 다른 학생이 공부하는 모습을 통해 공부 동기를 받는 경우 : 'study with me' 검색 후 다른 학생들이 공부하는 모습을 공유해주세요.

터디 윗미/ 공부 방송/ 교시제/ 수능/ 공시생/ 고시생/ 라이브/ live
공부하는지호 Ziho · 조회수 3.4만회 · 스트리밍 시간: 1일 전
studywithmelive#studywithme#실시간공부 Hi, I am Ziho living in korea. let's **study with me**. 명령어 : 출책, 퇴책, 명언1부터 30까지 ...
새 동영상

(20.09.08.화)(새벽) study with me/ 실시간공부/ 🔥장작 타는소리 ASMR/ 스터디 윗미/ 공부 방송/ 교시제/ 수능/ 공시생/ 고시생/ 라이...
공부하는 Ziho · 조회수 7.8천회 · 스트리밍 시간: 2시간 전
studywithmelive#studywithme#실시간공부 Hi, I am Ziho living in korea. let's **study with me**. **********
새벽

연고대생 앞에서 10시간 study with me (중간광고 없음, no talking, no music, ASMR, 백색소음, real time) | 연고티비
연고티비 ✔ · 조회수 90만회 · 1년 전
발등에 불 떨어졌대!!! 이것처럼만 공부했으면 내 학점이 그모양은 아니었을텐데...(눈물) 지금부터 10시간! 연고티비와 함께 빡집중해서 ...

(20.09.06.일) study with me/ 실시간공부/ 🔥장작 타는소리 ASMR/ 스터디 윗미/ 공부 방송/ 교시제/ 수능/ 공시생/ 고시생/ 라이브/ live
공부하는지호 Ziho · 조회수 3.7만회 · 스트리밍 시간: 2일 전
studywithmelive#studywithme#실시간공부 Hi, I am Ziho living in korea. let's **study with me**. 명령어 : 출책, 퇴책, 명언1부터 30까지 ...
새 동영상

- 특정 부분의 지식을 어려워하는 경우 : 관련 내용을 검색해서, 학생 관점에서 가장 잘 이해할 수 있는 영상을 찾아 보내주세요. 학생이 해당 내용을 이해했다면, 이후 '과목별 코칭 방법' 부분에 나오는 사이트에서, 관련 문제를 찾아 보내주며 확실히 문제에도 적용할 수 있게 도와주세요(학생이 스스로 검색할 수 있게 안내해 주셔도 좋지만, 검색하다가 다른 영상 검색으로 넘어갈 수 있으니 웬만하면 코치 선생님께서 직접 검색해서 보내주시기를 권해드립니다).

이 외에도, 학생의 유형에 따라 '공부 자극 영상'을 꾸준히 보내주며, 학생의 학습 동기를 부여할 수 있다. 자극이 될 수 있는 영상은 다음 내용에서 살펴보도록 하자.

앞선 내용에서, 우리는 목표를 향해 공부하는 '성취 지향형'과 위기를 피하기 위해 공부하는 '안정 지향형'에 대해 살펴보았다. 얻기 위해, 혹은 잃기 싫어서 공부하는 친구들을 위해 어떤 방향을 제안해야 할까?

▶ 성취형 자극하기

가장 먼저, 얻기 위해 공부하는 친구들에게는 '롤 모델'을 설정해주거나, 목표를 이룬 후의 모습을 자주 보여주는 것이 좋다. 목표가 뚜렷한 친구에게는 '직업 인터뷰'나 영상 플랫폼에서 코치이인 학생의 목표를 이룬 사람의 vlog 등을 보여주는 곳이 좋다. 칭찬을 할 때에도 '금방 (목표)가 되겠는걸', '조금만 더 하면 목표 대학, 과에 진학할 수 있겠다.' 등 학생이 공부해서 얻을 수 있는 목표를 구체적으로 보여주는 것이 좋다.

희망 대학, 희망 전공 vlog 보여주기

보통 고등학교에서는 학생들의 '꿈'을 자극하기 위해, '대학 탐방'을 가기도 한다. 이제, 군이 오프라인으로 움직이지 않아도 온라인을 통해 '대학 탐방'을 할 수 있다. 대학 탐방 뿐만 아니라, 내가 진학하고 싶은 전공이 어떤 공부를 하는지, 어떤 삶을 사는지도 알 수 있다.

직접 학생이 가고 싶어 하는 학교와 학과의 vlog를 찾아 보여준다면, 성취 지향형에게는 큰 자극이 될 것이다. 뿐만 아니라, 희망 전공 영상을 통해 각 전공이 어떤 공부를 하는지 파악할 수 있도록 돕는 것도 좋다. 이 과정을 통해, 학생은 'A 대학교 B 전공에 입학해서, C 공부를 하고 D 동아리를 하면서 구체적 목표를 이뤄야지.'라고 계획을 세울 수 있기 때문에, 코치와 학생은 해당 영상을 함께 보며 계획을 수립하기를 권한다.

숙명여대 vlog

필터

[Vlog] 숙명여대 기숙사 퇴사로그🧴 | 숙명여자대학교 기숙사 명재관 | 부산 가는 길📓
혜원Hyewon • 조회수 2.1만회 • 1주 전
Instagram @won.322 안녕하세요! 혜원입니다 :) 인스타그램 스토리로 가장 요청이 많았던 기숙사 브이로그를 찍어 보았어요 ㅎㅎ ...

숙명여대 경영학도📚VLOG (3분으로 보는 2019)🕛 새내기들 컴오ㄴ ~😄 입학식 | MT | 청파제 | 대학축제 | 동기생일파티 | 꿀교양 동아리
HAmbition_CHANNEL_햄비숑채널 • 조회수 250회 • 1일 전
숙명여대 #대학일상 #대학교입학식 #숙명여자대학교 코로나로 인해 대학생활이 그리워 작년 영상을 올려봅니다 (학우분들 모두 ...
새 동영상

[아랫배] VLOG, 개강 첫주, 숙명여대, 대학교 기숙사 생활 적응하기, 홍대 배드블러드 쇼핑, 헬스장 운동, 기숙사에서 택배 받기, 세탁실 빨래...
배배자매-BaeBae vlog • 조회수 5.3만회 • 1년 전
아랫배 #기숙사 #개강.... 했습니다!! 기숙사에서 적응하는 시간이었어용 재미있게 봐주세요 언니는 윗배 동생은 아랫배라고 불러 ...

[VLOG] 🏫 학교 모습이 유난히 많은 11월 일상 ♡ (혼코노, 겨울왕국, 돌아온 맑은소리, 추억팔이, 숙명여대 풍경, 노란금, 엄마랑 음주)

진로 희망 vlog 보여주기

실제 오프라인 학습코칭을 진행할 당시, 가장 심혈을 기울였던 부분은 '직업 인터뷰'였다. 격주로 다양한 직업의 삶을 인터뷰하여, 학생들이 다양한 진로를 탐색할 수 있도록 도왔다.

이제는 그 과정을 굳이 '서면'이 아닌 '영상'으로도 진행할 수 있다. 각 직업을 가진 사람이 어떤 삶을 살고 있는지 영상을 통해 확인할 수 있는 것이다. 성취 지향형의 경우, 본인이 바라던 직업에서 실제 성공한 사람을 본다면, '나도 저렇게 되어야지.'라는 자발적 동기 부여를 할 가능성이 높다. 또, 예를 들어 '연구원'을 꿈꾼다면, 관련 영상을 찾으며 '생명 과학 연구원', '화장품 연구원' 등 구체화 된 꿈의 모습도 다양하게 만날 수 있어, 이러한 탐색 과정을 통해 학생은 꿈을 구체화 할 수 있다.

학생과 함께 영상을 찾아보고, 코치가 추가적으로 직업에 대한 자료 조사를 더해준다면, 성취 자극형에게 더할 나위 없는 자극이 될 것이다.

안심Touch

변호사 vlog 🔍

변호사 브이로그👩‍💼💗 첫출근/재판/업무ASMR/워크샵/오사카/일상
김변KIMBYUN ✔ · 조회수 242만회 · 1년 전
첫출근한 직장인의 애환 Instagram https://www.instagram.com/kimzisu Contact Me
xoxokimbyun@gmail.com #김변 #변호사 ...
4K

VLOG | 직장 일상, 월차날, ZARA쇼핑, 폴댄스 취미운동, 첫 차🚙 | 변호사는 재판 없어도 수입이 있나요?
광화문 변호사 · 조회수 8.2천회 · 1개월 전
Contact : suriming91@gmail.com Instagram: http://www.instagram.com/lawyer_sri - 안녕하세요, 공변입니다..! 긴 휴가를 다녀 ...

VLOG | 변호사의 하루일과 | 출근부터 퇴근까지⏰💼 | 외근 없는 날 사무실 붙박이🗂📁
광화문 변호사 · 조회수 9.8만회 · 1년 전
오늘도 제 브이로그를 보러와주셔서 감사합니다 즐거운 하루 되세요😊 +인스타그램 공개로 바꿨어요..! (별로 볼건 없습니다.)

변호사VLOG · 아침부터 밤까지 검찰청에서 갇혀있는 날
박영주 변호사 korean lawyer · 조회수 1.6만회 · 4개월 전
안녕하세요. 오늘은 아침부터 밤까지 검찰청에만 있었던 어느날의 기록입니다. 재미있게 봐주세요! 인스타그램 @parklawyer 이메일 ...

생명과학연구원 vlog 🔍

안녕하세요 여러분, 세발이입니다 :) 오늘은 평소보다 조금 늦게 오게되었네요 ^^; 이번 영상은, 여러분들께 많은 관심을 받았던 연구원 ...

생명과학연구원이 되기 위해서 어떤 것들이 필요할까?
홍세발이_sebari · 조회수 474회 · 1개월 전
안녕하세요 여러분, 세발이입니다! 오늘은 지난 시간에 이어서 생명과학연구원에 대한 영상으로 돌아왔습니다. 하루동안 찍은 걸로 ...

| 대학원생 VLOG | 대학원생 브이로그 실험실편 #3 : 오늘도 돌아가는 셀방공장~~😊😷😷 (feat. 여의도 불꽃축제 후기)
수람지 · 조회수 3.8천회 · 10개월 전
여러분 안녕하세요♥ 너무 오랜만에 영상을 업로드 하게 되었어요 ㅠㅠ 그동안 실험실 일로 너무 바쁘기도 바쁘고, 휴대폰으로 영상 ...

Vlog #3 ; LAB life | 대학원생 브이로그 | 연구실 진짜 일상 생활 | 공대 아니고 자연대
지금ggeum · 조회수 1.7만회 · 1년 전
브이로그는 저어엉말 오랜만이예요 ㅜㅜ! 이제 엄청나게 바빴던 기간이 거의 끝나서 지금부터 그간 묵혀뒀던 영상을 하나씩 편집 ...

현실 연구원의 레.알. 비로그😷 | 단백질 정제 방의 일상, 오늘도 단백

직업 인터뷰 보여주기

앞서 언급한 '직업 인터뷰'에서 꼭 들어갔던 질문은 다음과 같다. '어떻게 그 직업이 될 수 있었는지', '그 직업이 되려면 어떻게 노력해야 하는지'였다. 이제는 영상을 통해 이 모든 질문에 대한 답을 찾을 수 있다.

vlog가 단순히 학습 동기를 부여했다면, 직업 인터뷰는 학생의 생활기록부 방향 형성에도 큰 도움이 될 것이다. 각 직업이 되려면 어떤 과정, 어떤 역량이 필요한지를 파악한 후, 생활기록부 방향을 직업에 맞춰 형성할 수 있기 때문이다.

코치는 직업 인터뷰의 내용을 정리해서, 앞에서 살펴본 '생활기록부 비교표'에 내용을 가감할 수 있도록 도와주자.

 생활기록부 비교표

활용 방법 : 직업인터뷰 내용 정리 ▶ 필요한 역량, 지식 파악 ▶ 맞춤형 활동 더해주기

구 분		나	OO선배
출결상황		개 근	개 근
수상경력	1학년	2개	5개
	2학년	4개	13개
	3학년		6개
진로 희망사항	1학년	언론인	기자
	2학년	기자	사회부 기자
	3학년	외신 기자	글로벌 시사 전문 기사
창의적 체험활동	**자율 활동**	101시간	147시간
		언론인 선배와의 만남, 신입생 오리엔테이션, OO영어 디베이트 캠프, 보건교육, 세계의 날 행사, 빅데이터 관련 교육	흡연 교육, 세계 난민 교육, 언론인 선배와의 만남, OO영어 디베이트 캠프, 보건교육, 글쓰기 특강 참여, 세계의 날 행사, 글로벌 OO 캠프, 우리 지역 알리기 활동, 사설 쓰기 교육 참여
	동아리활동	40시간	36시간

약사 되는법   ⌨   🔍

≡ 필터

약사되는 법 궁금하셨죠!? / PEET시험부터 면접까지 다 알려드림~ 꿀팁 대방출!!
메디테인먼트 · 조회수 7.2만회 · 1년 전
약사 #약사시험 #PEET 안녕하세요 의약품계의 종합예능! 메디테인먼트 채널의 약사 박진영입니다. (궁금하신 내용은 언제든지 댓글 ...

약사가 되려면 얼마나 공부를 잘해야 하나요? [약사와의 인터뷰 1부]
장래희망 · 조회수 6.6천회 · 2개월 전
약사와의 인터뷰 1부를 공개합니다. 약사가 꿈인 학생들에게 이 영상이 도움이 되었으면 좋겠습니다.

드디어 공개된 약대 선발방법, 약대가기 가장 쉬운 방법을 알아보자
진학티비 · 조회수 8.2만회 · 3개월 전
드디어 약대 전형계획이 발표되었습니다. 약대에 가장 쉽게 가는 방법은 무엇일까요? 약대 선발 방법과 전형에 대해서 알아보도록 ...

약사를 꿈꾸는 이들에게 (Ft.인생에서 공부를 선택한 사람들아)
약한형제 · 조회수 5.9만회 · 8개월 전

중학교 선생님 되는법   ⌨   🔍

중고등학교 교사 되는 방법?
청출예람 · 조회수 1.7천회 · 1개월 전

초등교사, 중등교사 보다 합격하기 더 쉽다?
쥬옹샘 · 조회수 1.8만회 · 1년 전
초등교사와 중등교사가 되는 과정을 알아보고 합격율을 비교해보았습니다.

현직 고등학교 물리 교사가 설명하는 학교 선생님 되는 법 총 정리/교대/사범대/임용고시/가산점
피직 : 고등학교물리교사 · 조회수 9.9천회 · 7개월 전
많은 학생들이 장래희망으로 꼽는 학교 선생님에 대해서 어떻게 되는지 설명하는 영상입니다. 많은 도움이 되었으면 하며 시간대별 ...

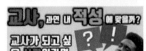

[제2부] 교사가 되고 싶은 사람이라면 꼭 봐야할 영상 - 교직적성검사
학교이슈 · 조회수 3.1만회 · 1년 전
교사가 꼭 되고 싶은 사람이라면 한 번 영상을 보시고, 스스로 교직에 적성이 있는지 점검해보시길 바랍니다. 저도 그닥 적성에 맞지는 ...

안정형 자극하기

반면, 잃는 것이 두려워 공부하는 친구들에게는 소위 말하는 '자극 영상'과 '자극 멘트'를 전달하는 것이 좋다. '공부를 하지 않으면 좋지 않은 삶을 살게 될 것이다.'와 같이 위기를 자극하는 영상을 보여주거나, 학생이 잃게 될 것을 보여줄 때 보다 동기를 부여할 수 있을 것이다. 학생의 위기감은 조성하되, 앞선 '자존감 부여' 과정처럼 과정이나 성향을 칭찬하며 자존감을 높여주는 것 역시 잊지 말자.

아래, 안정 지향형 친구들에게 자극이 될 영상을 모아보았다. 학생과 함께 감상하며 자극 받을 수 있도록 도와주자.

a. 공부 포기하고 싶을 때 꼭 보세요(공시생, 수험생 공부자극 명언) :

b. 너희 꿈이 뭐야?(이지영쌤 공부자극) :

너희 꿈이 뭐야? - 이지영쌤 공부자극

c. 공부하고 싶어지는 영상(소린tv) :

공부하고 싶어지는 영상 | 공부하기 싫을 때, 공부 동기부여, 공부 자극 | 소린TV

④ 일상 관리

언택트 코칭 | 네이버 밴드로 일상을 관리하기

카카오톡으로도 일상을 공유할 수 있지만, 카카오톡은 대화에 묻혀 내용을 찾기가 힘들 수 있다. 하지만, 네이버 밴드는 내가 기록한 내용이 순차적으로 남기 때문에, 학생 스스로도 자신의 변화를 빠르게 알아챌 수 있다. 또, 코치가 이 내용을 기반으로 보고서, 리포트 등을 쉽게 만들어 줄 수도 있어, 일상 관리하기에 가장 무난한 플랫폼이라고 할 수 있다.

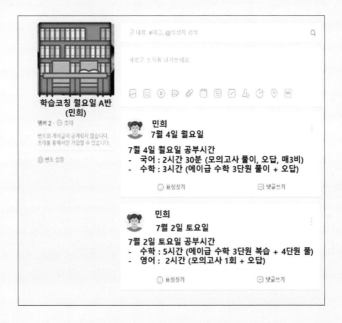

그렇기 때문에, 네이버 밴드를 다음의 방식대로 이용하기를 권한다.

- 주제 정해서 이용하기 : 학생은 매일 공부 시간만 기록하기, 코치는 학습 보고서만 업로드하기
- 카톡에서는 질의 응답, 일상 대화를 이어가고, 밴드는 학생 기록용으로 이용하기
- 일정 관리하기 : 일정 관리 기능을 통해 학생이 생기부, 모의고사, 학업 등 중요한 일정을 잊지 않도록 관리해주기
- 미션 관리하기 : 코치 한 명과 여러 학생이 한 밴드에서 함께 코칭할 경우, 공부 미션을 제시하고, 수행할 수 있도록 하기

앞서 언급했듯이, 네이버 밴드는 학생이 자신의 기록을 확인할 수 있는 아주 유용한 플랫폼이다. 코치는 다음에 제시될 일상 관리 방법을 밴드에 적용하며, 학생이 공부 습관을 형성할 수 있도록 지원해줘야 할 것이다.

★ 자세한 언택트 프로그램 이용 방법은 '3부 언택트 학습코칭 도구' 파트에서 확인하실 수 있습니다.

이처럼 초반에 동기 부여를 도왔다면, 이제는 '일상의 동기 부여'가 필요한 때다. 실제로 수능, 시험 등이 눈앞에 닥치지 않은 대다수 친구들은 동기가 제대로 부여되지 않아 어려워한다. 방학에 기숙 학원에 줄을 서는 이유도, '캠스터디'같이 서로 화상으로 스터디하는 이유도 강제로라도 동기를 부여 받기 위해서다.

이에, 코치는 학생이 일상 속에서도 편하게 연락할 수 있는 존재여야 하고, 동시에, 체계적으로 동기를 부여해주는 역할이어야 한다. 아래 방법에 따라 일상에서 동기를 부여해보자.

▶ 게으름 원인 파악하기

게으름에도 원인이 있다. 학생이 아무 생각 없이, 단순히 하기 싫어서 침대에 누워있는 것처럼 보일 수 있지만, 침대에 누워있는 데에도 많은 이유가 있고 원인이 있다. 그 게으름의 원인을 파악하고, 그에 맞춰 솔루션을 제안하는 것이 필요하다.

다음 게으름의 두 가지 원인을 정리했다. 학생이 어떤 유형인지 파악하고, 맞춰서 일상의 게으름에서 벗어날 수 있도록 도와주자.

구 분	내 용	솔루션
자기 부정	• 스스로에 대한 불안함으로 게으름을 피우는 상황 • 자신의 능력을 의심하고 불안해함 • 불안하기 때문에 일을 망설이고 미룸 • '다음에 더 준비해서 해야지.'라는 생각 때문에 시작도 하지 않는 상태	• '불안해서 공부를 하지 않을 때'와 '불안해도 공부를 할 때'에 차이를 보여준다(성과형 – 얻게 될 것 중심, 안정형 – 잃게 될 것 중심). • 자신의 능력을 불안해하지 않아 하도록 과정과 성과에 대한 칭찬을 계속 해준다.
완벽주의	• 계획 세우느라 시작도 못하는 상황 • 완벽하게 시작하려는 생각 때문에 시작을 계속 미룸 • 우유부단한 성향을 보이기도 함 • 일의 우선순위를 파악하지 못함	• '일단 시작했을 때'와 '지금처럼 시작 못할 때'의 차이를 보여준다. • 작은 성취라도 맛볼 수 있게, 하루 30분이라도 책상에 앉아있을 수 있도록 코칭해준다.

▶ 노력의 시각화

최근 운동하는 사람들 사이에서 '웨어러블 워치'는 인기 상품이다. 자신이 오늘 하루 얼마나 걸었고, 얼마나 운동했는지를 원으로 시각화해서 보여주기 때문이다. 심지어, 매일 운동한 양을 한 달 캘린더로 보여주니, 그 원을 완성하고 한 달 달력을 채워가는 기쁨에 많은 사람들이 운동을 하기도 한다.

실제 한 웨어러블 워치의 운동량 기록 모습

공부도 이와 같다. 최근 한 SNS 채널에 '공스타그램'이라는 해시태그가 인기인 이유 역시, 내가 매일 몇 시간을 공부했는지 기록하면서 스스로 뿌듯함을 느낄 수 있기 때문이다.

이에 착안하여, 학생의 노력을 시각화해주는 것이 중요하다. 아래, 시각화 방법을 정리해두었다. 다음의 네 유형 중, 학생에게 더욱 맞는 방법으로 노력을 시각화해주자.

구 분	내 용	참고 사항
과목별	• 각 과목별로 정량적 목표를 정하고, 이에 따라 월 계획을 나눈다. • 계획을 달성할 때마다 과목별 목표량을 채우도록 한다.	• 과목별 공부 균형이 맞지 않는 학생 • 특정 과목의 공부가 특히 필요한 학생의 경우, 다른 방법과 혼합하여 사용하기
퀘스트별	• 하루 n가지 계획은 반드시 지키기로 하고, 매일 지킬 약속을 정한다. • 월별 캘린더 내 일별마다 약속한 계획만큼 도형을 그리고, 완수할 때마다 하나씩 지워가도록 한다.	• 책상 앞에 잘 앉지 않는 친구들에게 권하면 좋은 방법 • 하루에 하나, 두개, 세개 등 처음에는 적은 양의 계획을 제안해서, 학생이 책상 앞에 앉는 것부터 시작하기
시간별	• 매일/매주 공부 목표 시간을 정한다. • 하루 순수 공부한 시간을 기재하고 공부한 시간만큼 목표 시간을 채워나가도록 한다.	• 순 공부 시간의 개념을 알고 활용하는 친구에게 권하면 좋은 방법 • 계획을 세우지 않는 친구들의 경우, '순공'시간을 특정 과목으로만 채울 수 있으니 코치가 이를 반드시 확인할 것
계획별	• 매일 계획을 세우고, 이를 100%로 정한다. • 매일 수행한 계획에 따라 이를 %로 정량화하고, 목표 계획량을 채워나가도록 한다.	• 계획을 스스로 세울 줄 알고, 플래너를 활용할 수 있는 학생에게 권장 • 매일 계획을 이행하며, 그 안에서 뿌듯함을 느낄 수 있도록 도와줄 것

 활용 방법

• 매달 월별 플래너를 구한다.
• 매일 일자에 과목, 퀘스트, 시간, 계획별 달성한 양을 기재하도록 한다.
• 한 달 후, 평균값을 계산하거나 전체 달성한 비중을 계산하여 보상해도 좋다.
• 코치는 학생의 달성 여부를 지속해서 체크하고, 이를 기반으로 보고서 등을 만들어 구글 드라이브, 밴드 등에 공유하기를 권한다.
• 이를 기반으로 학생의 학습 계획 균형을 맞추고, 조정해준다.

코칭 시간에 학생이 매주 과목별 공부한 시간, 분량을 체크하여 그 균형을 확인해준다. 학생이 균형 맞춰 공부할 수 있도록, 공부 시간을 시각화하여 제시한다.

언택트 활용 노하우!

★ 학생이 과목별 공부 시간 공유 혹은 하루 공부 내용 공유 ▶ 코치가 해당 내용 기재해서 매주 보고서로 카톡, 밴드, 구글 드라이브 등에 공유하기

과목	공부 시간(분으로 기재)							총합	평균
	월	화	수	목	금	토	일		
국어	70	20	150	20	30	0	0	290	41.4
수학	120	60	120	60	60	60	30	510	72.9
영어	60	80	50	100	85	75	40	490	70.0
총합	250	160	320	180	175	135	70	1290	184.3
평균	83.3	53.3	106.7	60.0	58.3	45.6	23.3	430.0	61.4

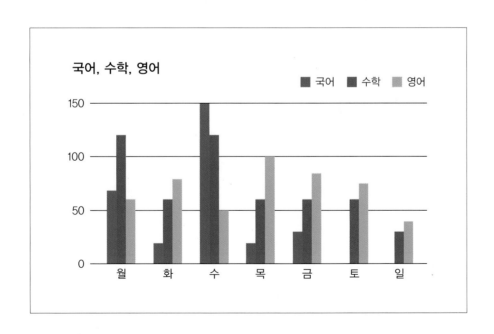

퀘스트별 예시

공부 습관이 잘 잡혀 있지 않은 학생들에게 가장 권하고 싶은 방법이다. 매일 학생이 카카오톡이나 밴드를 통해 퀘스트 이행 여부를 알리면, 코치는 구글 드라이브 양식에 이를 체크해서 학생의 계획 진척도를 확인해준다.

 언택트 활용 노하우!

★ 학생이 매일 구글 드라이브에 기재 혹은 네이버 밴드, 카카오톡을 통해 하루 공부 내용 공유 ▶ 코치가 해당 내용 기재 후 업로드

주 목표	월	화	수	목	금	토	일	주 평가
첫째 주	3	4	5	6	7	8	9	
① 매일 6시에 일어나기	O	O		O	O	O		수요일, 일요일에도 약속 지키기! 수학 문제는 거의 약속 지켰네, 잘했어!
② 영단어 10개씩 외우기	O	O	O	O	O			
③ 수학 5쪽씩 풀고 오답정리	O	O		O	O	O	O	
둘째 주	10	11	12	13	14	15	16	
① 매일 6시에 일어나기	O	O	O	O	O	O		이번 주는 약속을 거의 다 지켰네, 잘했어! 월요일에도 다 하면, 일요일은 쉬기로 하자!
② 영단어 20개씩 외우기		O	O	O	O	O		
③ 수학 5쪽씩 풀고 오답정리	O	O	O	O	O	O	O	
셋째 주	17	18	19	20	20	22	23	

여기서 중요한 건, 주별, 월별로 학생이 이를 채워 나갈 때마다 뿌듯함을 느낄 수 있도록 도와야하고, 칭찬해야 한다. 나아가, 과목별 균형 맞춰 공부할 수 있게 옆에서 꾸준히 관리하고 코칭하는 것 역시 코치의 몫이다. 학생이 노력을 시각으로 확인하고, 이를 통해 성취감을 느낄 수 있도록 안내해주자.

어느 정도 공부 시간이 잡힌 친구가 사용하면 좋다. 매일 목표 시간을 정해두고, 자신이 공부한 시간을 기재하도록 한다(작성일지는 아래와 같지 않아도 된다. 학생 공부 유형에 더 맞는 유형을 사용해주자). 그 다음, 하루에 공부를 어느 정도 수행했는지를 시각화해서 보여주며, 학생이 순공 목표 달성 100%를 이룰 수 있도록 지원해주자.

언택트 활용 노하우!

★ 학생이 매일 구글 드라이브에 기재 혹은 네이버 밴드, 카카오톡을 통해 하루 공부 내용 공유 ▶ 코치가 해당 내용 기재 후 업로드

매일 작성 일지			
학교/학번		**이 름**	

이번 주 나와의 약속

- 매일 아침 8:40분 까지 자리 앉아서 해야 할 공부, 듣기 준비하기
- 다음 주 화요일까지 쎈 B, C단계만 p65까지는 꼭 끝내두기!

일 자	요 일	순공시간	내 계획					
			계획 1	**계획 2**	**계획 3**			
1월 28일	화	1h 30m				**목표 시간**	2h	
①			듣기 실전 1회 + 딕테이션(30분)	능률 voca day2 워크북(20분)	능률 voca day3 암기(20분)	**순공 시간**	1h 30m	
②						**공부 진척도**	75%	
1월 29일	수	8h 30m	**계획 1**	**계획 2**	**계획 3**			
①			2018 고 3월 국어모고/ 채점/오답(2시간 30분)	듣기 실전 2회 + 딕테이션(50분)	능률 voca day3 워크북(20분)	**목표 시간**	9h	
②			쎈 21쪽까지/채점/ 오답(2시간 10분)	공부방 숙제하기 (50분)		**순공 시간**	8h 30m	
③			영어 모의고사(2018) 25~29번 오답(45분)	voca day4 암기(45분)		**공부 진척도**	94%	
④								
1월 30일	목	8h	**계획 1**	**계획 2**	**계획 3**			
①			2017 고 3월 국어모고/ 채점/오답(2시간30분)	듣기 실전 1회 + 딕테이션(45분)	능률 voca day4 워크북(20분)	**목표 시간**	9h	
②			쎈 p22~24/채점 /오답(2시간)	공부방 숙제하기(1시간)		**순공 시간**	8h	
③			영어 모의고사	voca day5 암기(20분) → 암기실패		**공부 진척도**	89%	
④								
일 자	요 일	순공시간	내 계획					

계획별 예시

매일 계획을 세운 후, 학생이 어느 정도 수행했는지 색이나 수치로 표현하게 한다(아래 예시의 경우, 100% 수행했을 경우 하늘색, 하긴 했지만 끝내지 못했을 때 초록색, 아예 시작도 하지 않았으면 주황색으로 표시하기로 하고, 각 값을 100%, 50%, 0% / 1개, 0.5개, 0개로 계산했다). 그 다음 계획 수행 척도를 시간형과 마찬가지로 진척도로 표시한 다음, 학생이 매일 계획을 얼마나 수행하고 있는지 확인하고, 계획 양을 조정해주기를 권한다.

언택트 활용 노하우!

★ 학생이 매일 구글 드라이브에 기재 혹은 네이버 밴드, 카카오톡을 통해 하루 공부 내용 공유 ▶ 코치가 해당 내용 기재 후 업로드

일자	요일	시간	내 계획		
1월 31일	금		계획 1	계획 2	계획 3
①		9:00~13:00	2017 고 3월 영어모고/채점/오답	듣기 실전 2회 + 딕테이션	능률 voca day5 워크북
②		14:00~17:00	쎈 p33~41/ 채점/오답	공부방 숙제하기	
③		20:30~22:00	능률 voca day6 워크북	voca day6 암기	
④					
2월 1일	토	시간	계획 1	계획 2	계획 3
①		17:00~18:20	쎈 p44~55+채점 +오답	voca day 1~6 복습, day7 암기	
②		21:00~23:00	능률 voca day6 워크북		
③					
④					
자투리 시간					

목표 계획	7개
완성 계획	5.5개
공부 진척도	79%

목표 계획	3개
완성 계획	1.5개
공부 진척도	50%

LESSON 04

가이드와 피드백

결국은 '코칭'이다. 라포를 형성하고 학생을 진단했으면, 이제는 학생에게 맞는 길로 공부 방향을 끌어줘야 한다. 코치가 전 과목에 대해 잘 알고 방법을 일러주면 좋지만, 절대로 모든 코치가 전 과목을 자세히 알 수는 없다. 과목별 공부 방법은 물론, 기간마다 전략을 다르게 구성해야 하기 때문에 기간별 공부 방법도 다르게 구성해야 한다.

이에, '기간별', '과목별', '공통 관리법'으로 나눠 방향과 방법을 제시하고자 한다. 아래 내용에 따라, 학생에게 맞춤형 데이터를 전달하고 코칭을 시행하기를 바란다.

❶ 기간별 코칭 방법

평소, 시험 기간, 방학 등 각 기간에 가져야 할 목표도, 세워야 할 계획의 방식도 모두 다르다. 각 기간에 학생이 갖는 목표, 마음가짐, 의지, 가용 시간 등이 모두 다르기 때문에, 코치는 학생의 학사 일정을 미리 파악하고, 선제적으로 코칭을 준비해야 한다.

안심Touch

기간을 크게 '평소, 시험, 방학'으로 나누어 보았다. 이에 대해 자세히 알아보자.

구 분	학생 구분	
기 간	중학생	고등학생
평 소	• 전체적인 영어, 수학 실력 향상 • 한 학년 이상 예습할 수 있도록 • 중상위권 : 고 1 3월 모의고사 풀이로 실력 가능 + 방향 잡기 • 수학 같은 경우, 수능에 필요한 부분 중심으로 연산, 응용문제 풀어볼 수 있도록	• 전체적인 모의고사 대비 • 학년 무관 모의고사, 수능 대비 도와주기 • 국, 수, 영을 주기적으로 특정 분량 이상 풀도록 안내 • 주기적으로 모의고사를 실전처럼 볼 수 있도록 지도하기, 코치 감독
시 험	• 2~3주 계획표로 (별첨) 계획 감독 • 범위 확실히 파악하고, 맞춰서 계획 세워주기 • 시험 전 최소 3회독 이상 하고 갈 수 있도록 코칭	
방 학	• 평소와 비슷하게 진행 • 국어, 영어 듣기 정도 추가하기 • 가용 시간은 많으나 오래 앉아있는 연습이 되어있지 않음, 책상 앞에 앉는 습관 들이기 • 공부 습관은 중학생 때 잡을 수 있다. 공부 습관 잡게 하기	• 평소와 비슷하게 진행(국·영·수 모의고사 중심) • 방학이 성적을 올릴 수 있는 또 다른 기회, 오랜 기간 앉아서 공부할 수 있도록 코칭 • 생기부 방향 설정 도와주기

▶ 평소 – 학기 중

방학도 시험 기간도 아닌 학기 중에는 가용 시간을 효율적으로 활용만 해도, 책상 앞에 특정 기간 앉아서 공부만 하더라도 어느 정도 성공했다고 볼 수 있다. 이 기간에는 방과 후 혹은 야간자율 학습 시간에 계획적으로 공부하거나 아침, 점심, 쉬는 시간 등 자투리 시간을 활용할 수 있도록 코칭하는 것이 중요하다. 특히 중학생의 경우, 공부 습관의 반 이상이 중학생 때 잡히기 때문에, 별 다른 공부를 하지 않는다고 해도 책상 앞에 앉아 공부하도록 하는 습관이 중요하다.

중학생

앞에서 언급했듯이, 중학생은 공부 습관을 잡을 수 있는 가장 좋은 시기이다. 이 때 책상 앞에 앉는 습관이 되어 있지 않으면, 고등학교 가서도 책상 앞에 앉기는 더더욱 힘들다.

이 시기에 중학생들에게는 전체적인 영어와 수학 실력 향상을 돕는 것이 좋다. 특히 영어 같은 경우, 수능에서 영어가 절대 평가로 바뀌었기 때문에 이 시기에 가능하다면 안정적으로 고득점이 나올 수 있도록 지도하는 것이 좋다. 수학의 경우 전반적인 성적 확인 및 시험을 통해 부족한 부분을 확인하고, 그 부분의 기초 지식을 쌓아가는 것이 중요하다.

수학의 경우 학교에서 배운 내용을 기반으로 기초 다지기부터 응용문제까지 꾸준히 풀게 하며 복습할 수 있도록 하고, 동시에 최소 한 학기, 한 학년 이상 예습을 나갈 수 있도록 계획을 수립해주는 것이 좋다. 이를 위해, 중학생 코칭 시에는 학년, 학기에 맞는 문제집을 학교 진도에 맞춰 스스로 풀도록 하고, 인터넷 강의, 학원, 자습 등 진도는 예습 진도에 맞춰서 공부할 수 있도록 계획을 도와주었다.

영어의 경우 학교마다 다루는 교과서가 다르기 때문에, 평소에 하는 내신 대비는 크게 의미가 없다. 이때 주로 영단어 암기, 독해 연습, 문법 다지기 등 영어의 기초를 쌓는 것이 가장 중요하다. 어느 정도 영어에 대한 기반이 닦여 있는 친구들이라면 고등 영단어 암기, 영어 독해를 통해 고등 영어에 가까울 수 있도록 지도해주고, 그게 아니라면 기초 영문법부터 차근히 쌓아가는 것이 좋다.

무엇보다 대부분의 중학생은 공부에 대한 관심, 흥미가 적다. 이때 얇은 문제집을 다 풀게 해서 '문제집을 끝낸다.'라는 성취감을 안겨주거나, 지속적인 미니 테스트, 예습을 통해 공부에 대한 자신감과 자존감을 높여주는 것이 좋다.

고등학생

이때는 공부 습관을 '잡는' 것이 아니라 '잡혀 있어야' 한다. 공부에 대한 중요성을 알고, 누군가 시키지 않아도 책상 앞에 앉아 있어야 한다. 아직 공부 습관이 잡혀 있지 않다고 할지라도, 책상 앞에 앉히고 공부를 시켜야 하는 것이 코치의 역할이다.

고등학생만큼 라포 형성과 동기 부여가 중요한 대상은 없다. 공부의 중요성은 알지만 몸이 따라주지 않고, 공부는 하고 싶지 않은데 스트레스를 주는 어른은 많아서 의지할 대상이 없기 때문이다. 이때, 코치가 학생과 신뢰를 쌓고, 방학이 되기 전 일상의 짧은 가용시간이라도 스스로 활용할 수 있는 습관을 들여줘야 한다.

수학의 경우 중등과 크게 다르지 않다. 내신을 동시에 대비하는 친구라면 매일 수학 나가는 진도만큼 문제를 풀도록 하되, 모의고사 풀이, 예습도 꾸준히 병행하는 것이 좋다. 실제 코칭을 진행하며, 수학 수능 점수가 필요하지 않은 친구를 제외하고 다른 학생들은 매주 1~2회의 모의고사를 풀게 하고, 오답을 철저히 할 수 있도록 도왔다.

영어의 경우, 이제는 실전이고 습관이다. 기초가 준비되지 않은 학생일지라도, 지금 기초를 다지고 문제를 풀기보다는 문제를 풀며 기초를 다져가야 한다. 실제 선수 생활로 인해 중학 과정을 다지지 못한 한 학생의 경우, 어느 정도 기초 영단어를 암기한 후에 바로 수능 특강과 수능 완성을 풀게 했다. 하루 일정 지문 이상을 풀며, 안에 있는 단어를 모두 암기하고 답지에 있는 문법을 모두 분석했다고 한다. 이렇게 시험 기간이 아닌 때에, 하루 약 다섯 지문 이상씩 파악하고 분석해서 성적을 올리고, 영어 듣기 같은 경우에는 매일 1회씩 할 수 있도록 습관을 들여주는 것이 중요하다.

결국 고등학생에게 공부는 습관이다. 매일 꾸준히 지속적으로 공부한다면, 성적은 반드시 오를 수밖에 없다. 이 습관을 만들어주고 관리해주는 것이 코치의 역할이고 학생이 나아가야 할 방향인 것이다. 특히, '학기 중이라 공부할 시간이 없어요.'라고 말하는 학생들이 시간을 내서 스스로 공부하는 습관을 잡아주는 것이 중요하기 때문에, 코치의 습관 형성 지원이 더욱 중요한 것이다.

▶ 시험 기간

그나마 시험 기간에는 학생이 자발적으로 책상 앞에 앉기 때문에 코칭이 수월한 편이다. 학교 시험은 전교생이 동일한 범위로 시험을 보기 때문에, 체계적으로 공부하는 사람이 이기는 싸움이다. 코치는 학생이 보다 체계적이고 계획적으로 공부할 수 있도록, 옆에서 철저히 가이드 해야 한다.

시험 대비 코칭을 '사전 계획, 확인하기, 피드백' 세 단계로 나눠서 양식을 제공하고자 한다. 아래 양식처럼, 학생이 단계별로 계획을 수립할 수 있도록 지원해주자.

사전 계획하기(3주전)

 시험 계획 전 미리 확인해야 할 내용

a. 시험 범위 확인
b. 내 목표 설정
c. 내가 어디까지 공부했는지
d. 나의 부족한 부분 확인하기

a. 시험 범위 확인 : 시험 범위가 다 나오지 않았을 경우, 예상을 해서라도 범위를 일단 정리해주세요. 범위를 알아야 계획을 세울 수 있고, 공부를 시작할 수 있습니다.

b. 내 목표 설정 : 이번 시험의 목표와 계획을 정리해주세요. 정량적, 수치적인 목표와 더불어, 지난 시험 피드백을 기반으로 '최소 모의고사 3회독 이상하기' 등 구체적인 계획 목표도 같이 정리해주세요.

c. 내가 어디까지 공부했는지 : 내가 어디까지 공부가 되어 있는지 확인해주세요. 현재의 나를 알아야 미래의 나를 계획할 수 있습니다.

d. 나의 부족한 부분 확인하기 : 여태까지 '시험에서 내가 미흡했던 부분'과 'c번에서 확인한 내 부족한 부분'을 확인해서 계획에 넣어주세요. 약점을 극복해야 이전과 달라질 수 있습니다.

양식 채우기

과 목	범 위	목 표	현재의 나	부족한 부분
예 영어	교과서 : 7~9단원 모의고사 : 9월 듣기 제외 전부	2등급! 모의고사 응용문제 100제 풀기 + 교과서 암기 + 문법 응용문제 풀기	교과서 영단어 모두 찾아둠, 모의고사 오답만 해둠	모의고사 지문 조금만 바꾸면 모름, 교과서 문법문제 나오면 틀림

언택트 활용 노하우!

★ 학생이 미리 작성할 수 있도록 과제로 내주시고, 이 부분을 ZOOM이나 문서 공유를 통해 함께
검토해주시거나, 카톡 혹은 밴드로 미리 받아 코치가 미리 검토하도록 합니다.

 공부 시간 파악하기

a. 매일 가용 시간 파악하기
b. 자투리 시간 활용하기
c. 매일 해야 하는 공부

a. **매일 가용 시간 파악하기** : 내 가용 시간을 확인하는 것이 중요합니다. 평일과 주말,
내가 공부할 수 있는 시간은 몇 시간이고, 그 시간은 언제인지를 확인해주세요.

매일 가용 시간		매일 가용 시간	
평 일	주 말	평 일	주 말
예	**예**		
아침시간 50분 점심시간 20분 쉬는 시간 총 70분 이동시간 30분 야간 자율 학습 3시간 저녁시간 20분 (목요일 학원, 저녁시간 없음) = 하루 총 가용 시간 : 6시간 10분 (자습시간, 수업시간 제외)	8시 기상 9시 독서실 도착 점심시간 1시간 저녁시간 1시간 10시까지 공부하기 = 하루 총 가용 시간 : 11시간 (단, 9월 29일 학원 특강 3시간 제외)		

b. **자투리 시간 활용하기** : 이동시간, 쉬는시간, 아침시간 등 내가 활용할 수 있는 자투리
시간도 찾아 활용해주세요. 작은 시간이 하나 둘, 모여 큰 차이를 만들어냅니다.

자투리 시간 활용		자투리 시간 활용	
자투리 시간	매일 공부	자투리 시간	매일 공부
예 아침시간 50분 점심시간 20분 쉬는시간 총 70분 이동시간 30분	**예** 수학 n단원 문제 풀이 영단어 계속 암기하기 한국지리 정리본 암기하기	· · · · ·	· · · · · ·

c. **매일 해야 하는 공부** : 매일매일 해야 하는 공부가 무엇인지 확인해주세요. 예를 들어, 내가 수학 한 파트가 유독 부족하다면, 해당 단원 수학 문제 몇 장씩은 꼭 풀기, 이런 식으로 정리해주세요.

언택트 활용 노하우!

★ 학생이 '자투리 시간, 매일 공부'를 미리 작성할 수 있도록 해주시고, 코치 선생님께서 학생 성향에 맞춰 자투리 시간별 공부를 배분해주세요.

양식 채우기

〈 중간고사 계획 세우기 〉

계획은 삼등분 하여, 단계별로 공부할 수 있도록 합니다.
STEP 1. 시험이 3주 남았다면 일주일, 2주 남았다면 5일 활용하기
– '범위' 안에 내용은 최소 1회독 완료하기
STEP 2. 시험이 3주 남았다면 일주일, 2주 남았다면 5일 활용하기
– 기본 문제 풀이 + 오답 완료, 기본 내용 정리 및 2회독 완료하기
STEP 3. 시험이 3주 남았다면 일주일, 2주 남았다면 4일 활용하기
– 시험과목, 요일 뒤집어서 응용문제 풀이, 부족한 부분 한 번 더 체크하며 3회독 완료하기

STEP 3. 시험 마지막 주 3회독 완료 예시

구분	D-5	D-4	D-3	D-2	D-1	D+1	D+2	D+3	D+4
응시 과목						과목 A 과목 B 과목 C	과목 D 과목 E	과목 F 과목 G 과목 H	과목 I 과목 J
공부 계획	과목 A 과목 B 과목 C	과목 I 과목 J	과목 F 과목 G 과목 H	과목 D 과목 E	과목 A 과목 B 과목 C	과목 D 과목 E	과목 F 과목 G 과목 H	과목 I 과목 J	

양식 예시

구분	9/23 월 (D-)	9/24 화 (D-)	9/25 수 (D-)	9/26 목 (D-)	9/27 금 (D-)	9/28 토 (D-)	9/29 일 (D-)
가용 시간	6시간 10분	6시간 10분	6시간 10분	6시간 10분	6시간 10분	6시간 10분	6시간 10분
계획	아침시간 : 수학 n단원 문제 풀이 점심시간 : 모의고 사 오답 정리 이동시간 : 국어 수 능특강 지문 확인 영어-모의고사 문 제풀어 한국지리-내용정리						

- 혹시 자습시간 생기면 수학 n단원 문제풀이부터 시작하기
- 계획 다 지우기 전까지는 자지 말 것!

양식 활용하기

구분	월 (D-)	화 (D-)	수 (D-)	목 (D-)	금 (D-)	토 (D-)	일 (D-)
가용 시간							
계획							
· ·							

시험 기간 지켜야 할 것 정하기

예

★ 매일 목표한 양을 채우기 전까지는 자지 않기
★ 완료한 계획은 빨간 펜으로 지워 나가고, 공부하며 부족하다고 느낀 부분(공부가 더 필요하다고 느낀 부분)은 따로 정리하기
★ 일주일 중 하루는 '못한 공부'를 할 수 있도록 네 시간 가량 비워두기

계획 확인하기(코치의 역할)

 코치가 확인할 내용

• 학생이 놓친 부분 확인하기
• 남은 기간 계획 정리해주기

	더 해야 할 부분
교과서	• 응용문제 남은 문제 완벽 풀이
	• 응용문제 다시 풀면서 중요 포인트 정리하기
	• 중요 부분 정리 노트 적으며 완료하기
수능특강	• 응용문제 남은 문제 완벽 풀이
	• 어법관련해서 다시 한 번 정리하기
모의고사	• 어법 이해 안 되는 응용문제 여쭤봐서 내 나름대로 정리하기
기 타	• 9단원 다 이해하기(선생님께 여쭤보기)
	• 9단원 응용문제 풀어서 정리하기

	더 해야 할 부분
교과서	
수능특강	
모의고사	
기 타	

☑ 학생이 더 해야 할 부분을 정리해오면, 코치는 이를 기반으로 어떤 공부를 더 해야 하는지 정리해주세요.
☑ 학생이 스스로 점검하는 용도로 사용해도 좋습니다.

안심Touch

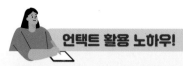
언택트 활용 노하우!

★ 코치는 해당 내용을 확인하고 매일 계획으로 배분해주세요. 이후, 일상 관리 과정을 통해 카톡이나 네이버 밴드로 주기적으로 학생이 공부를 했는지 확인해주시고, '과목별 코칭 방법'에 제시된 사이트에서 관련 문제를 구글 드라이브에 업로드해주셔서, 학생이 풀도록 해주세요.

양식 확인하기

구 분		
과 목		**현재 내 상황**
교과서		
수능특강		
모의고사		
기 타		
더 해야 할 부분		
교과서		
수능특강		
모의고사		
기 타		

양식 수정 도와주기 - 예시

구분	9/30 월 (D-7)	10/1 화 (D-6)	10/2 수 (D-5)	10/3 목 (D-4)	10/4 금 (D-3)	10/5 토 (D-2)	10/6 일 (D-1)
가용 시간	10시간	10시간	8시간	10시간	10시간	12시간	12시간
계획	• 계획 1 • 계획 2	• 계획 ㄱ • 계획 ㄴ	• 계획 A	• 1일차 과목 　정리	• 3일차 과목 　정리	• 2일차 과목 　정리	• 내일 과목 　정리
	• 영어 수능특 　강 못한 계획	• 수학 모의고 　사 못한 계획	• 사회 교과서 　못한 계획 2				

☑ 계획 칸 밑에 밑줄을 긋고, 못한 계획을 배분해주도록 합니다.

시험 후 피드백하기

셀프 피드백 하기

계획을 얼마나 이행했는지, 이 중에서 내가 이행하지 못했고, 이로 인해 어떤 문제를 틀렸고 보완해야 하는지 스스로 피드백 하도록 한다. 이후, 코치가 함께 시험 피드백을 진행하고, 보완해야 할 내용을 정리해준다.

양식 예시

내가 생각하는 중간고사 계획 이행도는?

70%

0%　　　　　　　　　50%　　　　　　　　　100%

이행하지 못한 내용

예
1. 영어 수능 특강 응용문제 풀이 100% 못했음. 해석에 시간이 오래 걸려서 70% 밖에 풀지 못함

이를 보완하려면?

예
1. 수능특강 때 범위가 끝나면 응용문제 풀이하기 - 시험범위가 아니어도 어휘, 해석, 어법 등의 실력을 향상할 수 있음 - 풀고 중요 내용 정리해서 한 곳에 문제랑 같이 모아두기

보완할 내용을 계획으로 정리하기

시험을 통해 아쉬운 부분을 정리했다면, 이 아쉬움을 어떻게 보완할지를 정리해야 합니다. 아쉬운 부분과 그를 보완하기 위한 공부 시간 등을 세세히 정리해둡니다.

양식 예시

과 목	상 세	피드백 정리	예상 소요시간	비 고
영 어	수능특강	매주 진행 범위만큼 응용문제 풀이	4시간	단어, 해석 포함, 한 곳에 모아두기
영 어	모의고사	출제 문항 문법 100% 이해	3시간	응용문제도 풀어보기

 언택트 활용 노하우!

★ 코치가 학생의 일상을 관리하고, 이 과정에서 학생이 부족한 부분을 찾아 미리 보완할 내용을 정리해 두길 권합니다. 이후 이 내용을 ZOOM을 통해 학생과 공유하면서, 계획을 가감할 수 있도록 합니다.

계획에 넣기

내가 부족하다고 정리한 '피드백 정리', '예상 소요 시간' 등을 정리했으면, 이 내용을 주기 계획에 투입하도록 합니다. 아래 순서에 따라 코치 선생님께서 안내해주시면 됩니다.

1. 피드백 정리 내용 확인하기

과목	상세	피드백 정리	예상 소요시간	비 고
영 어	수능 특강	매주 진행 범위만큼 응용문제 풀이	4시간	단어, 해석 포함, 한 곳에 모아두기
영 어	모의 고사	출제 문항 문법 100% 이해	3시간	응용문제도 풀어보기

2. 하루 평균 가용시간 & 계획 정리하기

요일	월	화	수	목	금	토	일
가용시간	6시간	4시간	6시간	4시간	6시간	10시간	8시간
계획	영어 듣기	영어 듣기	영어 듣기	영어 듣기	영어 듣기	영어 듣기	영어 듣기
	영 모의 고사 I	영 오답	수 모의 고사 I	수 오답	국 모의 고사	국영수 모고	국영수 모고
	수 문제집 4p	국어 독서 3	수 응용 문제	국어 문법 3	영문법 5p		

3. 피드백 정리 내용, 주기 계획으로 넣기

요일	월	화	수	목	금	토	일
가용시간	6시간	4시간	6시간	4시간	6시간	10시간	8시간
계획	영어 듣기	영어 듣기	영어 듣기	영어 듣기	영어 듣기	영어 듣기	영어 듣기
	영 모의고사 I	영 오답	수 모의고사 I	수 오답	국 모의고사	국영수 모고	국영수 모고
	수 문제집 4p	국어 독서 3	수 응용문제	국어문법 3	영문법 5p	수특 응용문제 (영)	모고 문법 (영)
						응용 등명 정리 (수)	문법 정리노트 (국)

지나간 시험은 다시 돌아오지 않지만, 다른 시험은 곧 다가온다는 점을 안내해주며, 학생이 반드시 시험 피드백을 할 수 있도록 지도해주는 것이 중요하다. 지나간 시험을 다시 보고 싶지 않다며 피드백을 거부하는 학생도 있지만, 학교 내신 시험이 학교마다 비슷한 양상으로 나오기 때문에, 어떤 형식의 시험인지를 세세히 피드백 해보는 과정이 중요하다.

안심Touch

방학 기간

가능하다면 방학은 중, 고등학생 구분 없이 동일하게 공부하도록 안내하는 것이 좋다. 다만 다른 점이 있다면, 앞서 언급했듯이 중학생은 공부 습관을 잡는 데에 포인트를 맞추고, 고등학생은 생활 기록부 방향 설정 및 스펙 쌓기에 도움을 준다면 좋을 것이다.

방학 기간은 다른 학생을 앞지를 수 있는 절호의 기회이다. 가용 시간이 많이 확보되어 있기 때문에, 계획을 구체화해서 학생에게 방학이 절호의 기회임을 깨닫게 하는 것이 중요하다. 이제 학생 개개인의 목표와 가용 시간 등을 확인하여, 단계적 계획 수립을 도와주자.

현재 내 위치 확인하기

☑ 성적 확인하기
☑ 예습 진도 확인하기

과 목	국 어		수 학		영 어	
항 목	모의고사	내 신	모의고사	내 신	모의고사	내 신
등 급						
점 수						
부족한 부분 (주로 틀리는 문제 유형)						

과 목	예습 진도	정 도	더 해야 할 부분
예 시	• 3학년 모의고사 2개년 풀이 완료 • 관련 단어 정리 완료	80%	• 자주 틀리는 어법 오답 • 교과서에 나올 문법 마스터
국 어			
수 학			
영 어			

목표 세우기

☑ 내년 목표 세우기
☑ 목표 위한 계획 세우기
☑ 목표 위한 계획 구체화하기

과목	국어		수학		영어	
항목	모의고사	내신	모의고사	내신	모의고사	내신
등급						
점수						

목표를 위한 계획			
과목	국어	수학	영어
계획	• 국어 어법 총정리 하기(어법 다 맞기!)	• 4점 모음 문제집 2회독 하기	• 영어 듣기 매일 하기
등급			
점수			

안심Touch

목표 위한 계획 구체화하기

계획 구체화			
과 목	국 어	수 학	영 어
매일 할 계획 (예 매일 단어 30개 암기 등)			
주기적으로 할 계획 (예 주 3회 모의고사 등)			

매일 계획 / 주기 계획 플래너에 넣기

요 일	월	화	수	목	금	토	일
가용시간	10시간	11시간	8시간	10시간	10시간	9시간	4시간
계획 (주기적 계획)	국어 모의고사 독서 5지문씩	영어 모의고사	독서 5지문씩	국어 모의고사 독서 5지문씩	영어 모의고사		
			수학 4점 문제집 n강				
			영어 듣기 1회				

방학 계획 구체화하기 - 월간

'목표를 위한 계획 세우기'에 정리한 내용을 옮겨와 구체화합니다.

겨울방학 목표		구체화					
과목	목표	교재명	범위	계획	교재명	범위	계획
국어	국어 어법 총 정리하기 (어법 다 맞기!)	국어 어법 교재 A	p1~p100	주 3일, 2시간	국어 어법 실전 A	전권 (200p)	주 2회, 2시간
	안정적 2등급 위해 고전문학 정리하기						
수학	수능 대비 4점짜리 문항 다 맞기						
	1학기 기말고사까지 내신 미리 준비하기						
영어	영어 듣기 매일매일 하기(습관 들이기)						
	어법 어휘 문항 마스터 하기						

방학 계획 구체화하기 - 주간

구체화한 월간 계획을 주수로 나눠 주간 계획을 수립합니다.

주차	구분	
항목	과목	목표
1주차(1.2~1.8)	국어	어법 a 문제집 p1~25+복습/정리
		고전문학 문제집 p1~50+정리
	수학	수능 대비 4점 강의 3강+문제집
		쎈 2단원까지 문제 풀이 완료
	영어	영어 듣기 7회+딕테이션
		어법책 c p1~40(풀이까지)

안심Touch

정리한 내용을 방학 플래너에 추가로 정리합니다.

☑ 주기적 공부 계획표 > 주차별 계획표

요 일	월	화	수	목	금	토	일
가용시간	10시간	11시간	8시간	10시간	10시간	9시간	4시간
계획 (주기적 계획)	국어 모의고사 독서 5지문씩	영어 모의고사	독서 5지문씩	국어 모의고사 독서 5지문씩	영어 모의고사		
	수학 4점 문제집 n강						
	영어 듣기 1회						

요 일	월	화	수	목	금	토	일
가용시간	10시간	11시간	8시간	10시간	10시간	9시간	4시간
계획 (주기적 계획)	국어 모의고사 독서 5지문씩 수학 4점 강의 2강 듣고 문제집 풀기	영어 모의고사 어법 a문제집 10장씩 영어 어법책c p1~p10	독서 5지문씩 수학 4점 강의 2강 풀고 문제집 풀기	국어 모의고사 독서 5지문씩 어법 a문제집 10장씩	영어 모의고사 수학 4점 강의 2강 듣고 문제집 풀기	어법 a문제집 10장씩 영어 어법책c p10~20	수학 4점 강의 2강 듣고 문제집 풀기 실전 모의고사 1회씩(국/수/영)
	수학 4점 문제집 n강						
	영어 듣기 1회						

언택트 코칭　　**JAM 보드로 과목별 코칭하기**

언택트 학습코칭 과정에서 가장 난제는 '어떻게 모르는 문제를 알려줄 것인가.'였다. 물론 코치의 역할이 '지식 전달'이 아닌 '학습 방향 설정'에 있지만, 코치가 자신 있게 다룰 수 있는 과목이라면 언제든 질의할 수 있는 '든든한 선생님'이 되어주어도 좋기 때문이다. 카카오톡을 통해 풀이를 다 적어 보여주는 방법도 사용해보았지만, 이 경우, 학생이 제대로 이해했는지, 이해되지 않았다면 어느 부분에서 이해되지 않았는지를 파악하기가 어렵다. 이에 유튜브를 통해 풀이를 설명해서 업로드한 후, 링크를 보내주기도 했지만, 이 과정 역시 학생이 어디에서 이해가 막혔는지 확인하기 어려웠다.

그래서 강구한 방법이 'JAM 보드'와 'ZOOM'이다. 핸드폰 수직 거치대가 있거나, 화상 통화할 수 있는 캠을 바닥으로 설치할 수 있다면, ZOOM을 통해 서로 풀이를 공유할 수 있다. 하지만, 이러한 설치가 쉽지 않기 때문에, ZOOM보다는 JAM 보드를 추천하고 싶다.

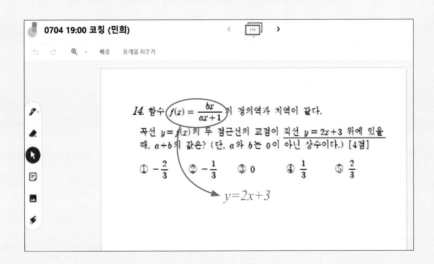

이처럼 JAM 보드를 띄운 후, 직접 학생과 소통하며 '대면 코칭'처럼 방향을 안내할 수 있다. 학생도 JAM 보드에 함께 필기할 수 있기 때문에, 먼저 학생이 생각하는 풀이 방식을 보여 달라고 한 다음, 코치가 풀이를 더해주는 것도 좋은 방법이다 .

★ 자세한 언택트 프로그램 이용 방법은 '3부 언택트 학습코칭 도구' 파트에서 확인하실 수 있습니다.

코치가 전 과목 공부법에 대해 숙지하기란 쉽지 않다. 또, 사실 코치의 역할은 '지식 설명'이 아닌 '동기 부여', '학습 습관 형성'에 있기 때문에, 앞서 살펴본 동기 부여, 라포 형성 등에 더욱 신경을 쓰는 편이 좋다.

그럼에도 코치는 과목별 학생의 습관을 잡아주고, 계획을 세워줘야 한다. 이에, 과목의 지식은 알려줄 수 없지만, 어떤 습관을 잡아주면 좋고, 코치로서 어떤 자료를 제공하면 좋을지에 초점을 맞춰 내용을 준비해보았다. 코치는 이 내용을 참고해서, 학생이 어려움을 겪는 부분, 혹은 혼자서 공부하기 어려운 부분에 대해 '방향'을 제시해주자. 실제 과목별 진행했던 코칭 방식과 참고할 사이트, 영상 등을 안내하고자 한다.

▶ 국어

국어는 '복불복'의 과목이라고도 한다. 처음부터 성적이 잘 나오는 학생은 별 다르게 공부를 하지 않아도 꾸준히 상위권을 유지하고, 처음부터 성적이 잘 나오지 않는 학생은 국어에 많은 시간을 들여도 성적이 쉽게 오르진 않는다. 이에, 수학이나 영어는 성적이 뛰어나지만, 국어 성적이 오르지 않아 여러 과외, 강의 등을 수강하는 학생을 어렵지 않게 볼 수 있었다. 하지만, 결국 국어 성적은 누구나 올릴 수 있다. 겁먹지 말고 꾸준히 공부하는 것이 중요하다.

이에, 코칭을 실제로 진행할 때, 항상 중점을 두었던 부분은 '국어 공부의 습관'이었다. 예를 들어,

☑ 일주일 2회 국어 모의고사 75분 내 풀기 + 오답까지
☑ 주기적으로 화작문/독서 지문 특정 분량씩 풀고 오답하기

처럼, 주기적으로 국어에 계속 노출될 수 있도록 도왔다. 독서 오답 방법 등은 학생마다 선호하는 방식이 다르기 때문에, 다음의 영상을 참고해서 학생이 선택할 수 있도록 도와주자.

국어 공부 기본 영상 – 3등급 이하를 위한 국어 공부법(화작문, 비문학)

URL : https://www.youtu.be/CLdhfNNkIcI

3등급 이하를 위한 국어 공부법 (화작문, 비문학) | 연고티비
연고티비 ☑ 조회수 30만회 • 5개월 전
연고티비 구독하기 http://bit.ly/yonkotv "왜 내 국어 성적은 아무리 해도 오르질 않을까? ㅠㅠㅠ" 이런 분들을 위해 두니가 국어 공부법 ...

국어 내신 대비 영상 – 전교 1등이 알려주는 국어 내신 공부법

URL : https://www.youtu.be/gGr9DS228ig

전교 1등이 알려주는 국어 내신 공부법 ✏
소린TV ☑ 조회수 9.7만회 • 2개월 전
비즈니스 문의 : a__s__r__@naver.com 인스타그램 : sorin_0302 ...

국어 성적 향상 영상 – 아주 현실적인 1등급 받는 국어공부법

URL : https://www.youtu.be/UU-wXFxLgmg

아주 현실적인 1등급 받는 국어공부법 | 의대생TV
의대생TV / Med student TV • 조회수 10만회 • 3개월 전
문이과 수능마스터 은정님께서 전교1등의 하루에 이어 1등급 받는 후천적 국어공부법을 소개해드립니다! 많은 관심과 좋아요, 구독 ...
자막

이 외에도, 공통적으로 문제 풀이 순서 잡기, 키워드 표시하기, 고전 문학은 나오는 문학만 나오기 때문에 '방학에 미리 정리하기' 등을 중심으로 잡고 코칭했다.

▶ 수 학

모든 과목이 그렇겠지만, 수학은 '오늘 배운 내용의 복습, 내일 배울 내용의 예습'을 가장 중점으로 두고 코칭했다. 앞서 언급했듯이 학교에서 진도 나간 부분은 심화 문제 등을 풀며 내신을 대비할 수 있도록 했고, 중심 계획은 예습으로 잡아두었다.

어느 정도 예습이 선행되어야, 실제 학기 중에는 심화 문제만 풀며 수학 내신 고득점을 도울 수 있기 때문이다. 이러한 부분을 중학생에도 적용했다. 중학생 중상위권의 경우 고등학교 모의고사를 기준으로 코칭을 도와주었다. 실제 예비 중2, 3학년생을 대상으로 모의고사 중심의 학습코칭을 진행했던 경험이 있다. 고1 3월차부터 차근히 모의고사를 풀게 하며, 어려운 부분은 당시 상주해 계시던 선생님과 함께 풀 수 있도록 하였다. 수학 선생님이 계시지 않을 경우, 해당 문제 풀이를 ebs를 비롯한 각종 강의 플랫폼에서 보고 스스로 이해할 수 있도록 도왔고, 그 안에 담긴 개념 문제를 찾아 기초 다지기부터 심화까지 풀게 하였다. 아직 배우지 않은 개념이라면, 단기간 배우고 난 뒤 학생이 잊을 가능성이 높기 때문에, 100제, 200제 등을 뽑아 계속 풀면서 수학 개념을 익숙하게 만들었다.

고등학생도 마찬가지였다. 수능, 모의고사 대비를 주로 잡되, 내신에서 항상 아쉬운 점수를 받아오는 친구에게는 중상~최상 난이도의 문제를 풀고 오답하며 부족한 부분을 캐치하도록 했다.

이처럼 어려운 문제를 두고 풀면서 부족한 부분을 찾아 개념을 보태는 형식으로 코칭을 진행하기도 했고, 기초가 부족한 학생들의 경우 기초부터 차근히 쌓아갈 수 있도록 도왔다.

많은 학생이 어려움을 겪는 과목이기 때문에, 수학 공부법을 알리는 영상은 많다. 수학의 경우, 영상보다는 수학 과외 선생님들이 주로 이용하는 사이트 하나를 소개하고자 한다.

네이버 '기출비' 카페

URL : https://cafe.naver.com/michiexam

실제 수학 강사, 과외 선생님이 주로 이용하는 사이트로, 문제집 답지, 유형별 수학 문제, 각 학교 시험 문제 등을 모두 볼 수 있다. 실제 코칭 과정에서는 주로 학생이 어려워하는 부분을 검색해서, 그 부분의 문제를 다량 뽑아주는 데에 이 사이트를 이용했었다.

▶ 영어

영어 역시 수학만큼이나 공부법이 다양하게 알려진 과목 중 하나이다. 또, 수학만큼이나 하면 오르는 과목 중 하나이다. 영어는 코치가 별다른 지식이 있지 않아도, 옆에서 코칭만 잘 해준다면 학생의 성적 향상을 도울 수 있다.

실제 코칭을 하며 영어 과목에서 반드시 포함했던 방향은

• 영어 듣기 매일하기(3개월만 매일해도 영어 듣기는 금방 오른다)
• 주에 1~2회 영어 모의고사 65분 내 풀기
• 갖고 있는 영단어장 모두 암기한 후에는 독해 지문에 있는 영단어 외우기
• 하루 n지문 이상 문제 풀고 분석하기

안심Touch

이다. 영어는 꾸준히만 한다면 오르는 과목이기 때문에, 코치가 단어, 듣기, 독해를 적절히 분배해서 계획 세워주는 과정이 중요하다.

마찬가지로, 많은 영어 강사가 사용하는 사이트를 안내하고자 한다.

황인영 영어카페

URL : https://cafe.naver.com/maljjang2

각 출판사 자료와 모의고사 자료, EBS 변형 문제 등이 올라오는 사이트다. 코칭 과정에서는 아래와 같이 해당 사이트를 이용했다.

- 내신 대비 기간 : 출판사별 빈칸 채우기, 해석 자료, 기출 문제, 예상 문제 등 전송 학생이 매일 독해 n제를 풀고 분석하면서, 어렵다고 느낀 문법 자료를 출력 + 풀 수 있도록 안내
- 모의고사 어려운 유형 파악, 유형별 문제 출력, 문제 은행처럼 풀 수 있도록 안내

❸ 공통 관리법

언택트 코칭   **MS 오피스로 학습코칭 양식 관리하기**

구글 드라이브를 통해서도 충분히 자료를 상호 공유할 수 있지만, 여태껏 MS 오피스를 사용해왔던 코치나 학생에게 구글을 생소할 수 있다. MS 오피스는 구글 드라이브와 마찬가지로 서로의 양식을 공유할 수 있고, 동시에 작성할 수도 있다. 그렇기 때문에, 학습 코칭 양식을 관리하거나, 함께 양식을 채우며 코칭을 진행할 때는 'MS 오피스'를 통해 작업하는 것도 하나의 좋은 방식이 될 것이다.

MS 오피스는 구글 드라이브와 사용 용도가 비슷하다.

- 양식을 같이 채워나가거나
- 문서를 공유하거나
- 기타 자료를 공유할 때

사용하고, 서로를 공유자로 지정한다면 언제 어디서나 자료 접근이 가능하다. 무엇보다, 코치가 학생별로 폴더를 분류하여, 학생 별 코칭 진척 사항을 확인할 수 있다.

★ 자세한 언택트 프로그램 이용 방법은 '3부 언택트 학습코칭 도구' 파트에서 확인하실 수 있습니다.

지금까지 정리한 내용을 기반으로, 학생이 사용할 수 있는 계획표 방식을 나열하고자 한다. 기존에 플래너를 이용하고 있는 학생이라면 해당 사항이 없지만, 코칭을 통해 처음 플래너를 작성해본다면, 다음과 같은 양식을 이용해도 좋다.

언택트 활용 노하우!

★ 계획표는 학생이 구글 드라이브에 작성할 수 있도록 해주거나, 아니면 수기로 매일 작성한 후 카톡이나 네이버 밴드를 통해 업로드할 수 있도록 해줍니다. 코치는 이 내용을 구글 드라이브, MS 오피스 등 특정 양식에 주기적으로 기재하여, 학생의 공부 습관 형성 및 진척도를 지속해서 확인해주세요.

▶ 일별 계획표

오늘의 공부 계획				
중요도	공부할 내용 or 범위	공부할 시간 (when)	예상 소요시간 (how long)	달성여부
급하지 않지만 중요한 일				
급하고 중요한 일				
급하지만 중요하지 않은 일				

학습 일지				
시 작 / 종 료	시간(분)	실제로 공부한 것	집중도	
: ~ :				
: ~ :				
: ~ :				
: ~ :				
: ~ :				
: ~ :				

☑ 계획의 우선순위를 파악하지 못하는 친구들에게 권한다.

☑ 책상 앞에 오래 앉지 못하는 친구들에게 권한다. 이 플래너 작성을 통해 '하루 자기 반성 + 공부량 확인'을 동시에 할 수 있도록 도울 수 있다.

안심Touch

시 간	월	화	수	목	금	토	일
4							
5							
6							
7							
8							
9							
10							
11							
12							
13							
14							
15							
16							
17							
18							
19							
20							
21							
22							
23							
24							
1							
2							
3							

가 용							
목 표							
실 공							

☑ 가용 시간을 한눈에 확인할 수 있는 계획표다.

☑ 고정 시간을 먼저 체크한 후, 가용 시간을 확인하게 한다.

☑ 가용 시간 내 계획을 다른 표시로 기재하여, 시간을 효율적으로 활용하게 한다.

☑ 매일 실제 공부한 시간을 기록하고, 내가 가용 시간 중 얼마나 공부했는지 확인한다.

▶ 주별 계획표

이번 달 목표	①
	②
	③

일자	요일	시간	내 계획		
			계획 1	계획 2	계획 3
①					
②					
③					
④					
자투리 시간					
			계획 1	계획 2	계획 3
①					
②					
③					
④					
자투리 시간					
			계획 1	계획 2	계획 3
①					
②					
③					
자투리 시간					

☑ 이번 주 약속을 적고, 지킬 때마다 체크할 수 있도록 한다.

☑ 가용 시간을 시간대별로 정리하고(예 10:00~12:00) 그 시간대에 어떤 공부를 할 지 계획을 세운다.

▼ 실제 활용 모습

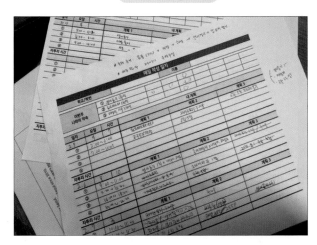

주 차	구분					
항목	과목	목표				
주 목표	국 어					
	수 학					
	영 어					
항목	계획					
일자						
내 계획						

☑ 시간대별 세세한 계획이 어려운 학생들에게 권한다.

☑ 시간대별 계획이 아닌, 하루 계획으로 세워주고, 하루 안에 반드시 계획한 양을 끝내도록 한다.

☑ 주 목표에는 과목별 목표를 기재하고, 오른쪽 칸에 실제 한 날짜를 기재하도록 한다.

▼ 실제 활용 모습

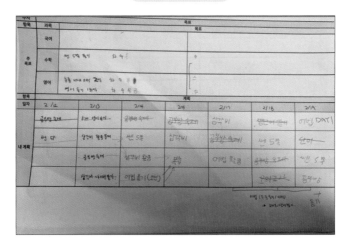

▶ 월별 계획표

이번 달 목표	①
	②
	③

주 목표	월	화	수	목	금	토	일	주 평가
첫째 주	3	4	5	6	7	8	9	
①								
②								
③								
둘째 주	10	11	12	13	14	15	16	
①								
②								
③								
셋째 주	17	18	19	20	21	22	23	
①								
②								
③								
넷째 주	24	25	26	27	28	29	30	
①								
②								
③								

☑ 크게는 이번 달에 이뤄낼 목표를, 작게는 주마다 목표를 기재하도록 한다.

☑ 각 주에 얼마나 계획을 이행했고, 목표를 달성했는지 등을 '주 평가 칸'에 기재하도록 한다.

☑ 각 일자에는 계획 이행도를 기재해도 좋고, 매일 세 가지 약속을 했다면 계획 이행 여부를 기재해도 좋다.

안심Touch

▶ 인강 정리 시트

인강 정리 시트				
학교/학번			이 름	
과 목		내 용		
과 목		내 용		
과 목		내 용		

☑ 대부분의 학생이 인강 수강 후 들은 내용을 정리하지 않는다. 인강 수강 비중이 높은 학생이라면, 해당 표를 나눠주며, 인강 수강 후 들은 내용을 정리할 수 있도록 해주자.

▶ 마무리 시트

월 일 마무리 하기				
학교/학번			이 름	
과 목		내 용		
과 목		내 용		
과 목		내 용		

☑ 코치가 매일 어떻게 공부했는지, 공부한 내용을 확실히 이해했는지 등을 확인하기는 쉽지 않다.

☑ 매일 공부 후, '백지 공부법'처럼 해당 시트에 과목과 배운 내용을 정리할 수 있도록 하자.

☑ 이 양식을 통해, 학생은 '공부 내용 복습'을, 코치는 '계획 이행 여부 확인'을 진행할 수 있다.

언택트 활용 노하우!

★ 인강 및 하루 마무리 확인 양식은 '작성' 자체에 초점을 맞춰야 하기 때문에, 학생이 매일 작성해서 네이버 밴드, 카카오톡에 업로드할 수 있도록 도와주자. 코치는 이 내용을 보고 주기적인 코칭 시간에 학생이 공부한 내용을 제대로 이해했는지 질문하며, 부족한 부분을 확인할 수 있도록 해야 한다.

▶ 스터디 운영 방법

최근 '캠스터디'와 같이 서로 공부하는 모습을 관찰하는 형태의 화상 플랫폼이 인기를 끌고 있다. 스스로에게 강제성을 부여하고, 다른 사람의 모습을 보며 경쟁 심리를 갖게 하는 도구인 셈이다. 이 역할을 코치가 대신 진행해 주는 것도 하나의 방법이 될 수 있다. 여러 학생을 맡고 있다면, 직접 캠스터디 방을 열어 출석할 수 있게 하거나, 기상 스터디, 문제 풀이 스터디 등을 통해 도전을 진행하는 것도 하나의 방법이 될 것이다.

캠스터디 구루미 메인 화면

언택트 코칭　　　행아웃으로 캠스터디하기

최근 구루미, ZOOM, 스카이프 등 여러 화상 통화 플랫폼이 출시되었다. 그 중, 사용시간이 무제한이고, 별도의 프로그램 설치가 필요 없는 행아웃 프로그램을 소개하고자 한다. 최대 25명까지 초대가 가능하기 때문에, 굳이 코칭 플랫폼으로 사용하지 않아도, 담당 학생을 모아 함께 공부하는 캠스터디로 이용할 수 있다.

ZOOM과 달리 시간제한이 없기 때문에, 캠스터디용으로 무리 없이 사용할 수 있으리라 생각한다.

★ 자세한 언택트 프로그램 이용 방법은 '3부 언택트 학습코칭 도구' 파트에서 확인하실 수 있습니다.

3부

언택트 학습코칭 도구

LESSON
01

화상통화 프로그램

언택트 학습코칭을 진행하려면 직접 만나지 않고 학습코칭을 진행할 수 있는 수단이 필요하다. 우리가 알고 있는 '전화 통화'는 오로지 음성으로만 이야기를 주고받는다면, 화상통화 프로그램은 인터넷상으로 나의 모습과 상대방의 모습을 영상으로 보면서 통화하는 프로그램이다.

언제 어디서든 인터넷에 접속할 수 있는 환경이라면 화상통화 프로그램을 통해 언택트 학습코칭을 진행할 수 있는 것이다. 화상통화 프로그램의 종류는 '행아웃, 줌, 카카오톡, 스카이프, 미트, 마이크로소프트 팀즈' 등 여러 종류가 있어, 어떤 프로그램이 코치와 학생에게 가장 적합할지 파악하기란 쉽지 않다. 모든 프로그램이 기본적으로 화상통화를 하기 위한 목적으로 만들어진 프로그램이지만, 추가적인 기능들이 각각 프로그램마다 조금씩 차이가 있어, 초기 시간이 다소 소요되더라도 프로그램의 차이를 알아두는 것이 좋다.

따라서 언택트 학습코칭을 진행하기 위해 화상통화 프로그램을 선택해야 한다면, 본인이 다루기 쉽고 학습코칭을 진행하기 위해 필요한 기능들이 포함되어 있는지를 확인하여 프로그램을 선택하면 된다. 정말 많은 종류의 화상통화 프로그램들이 있지만 이 책에서는 사람들이 많이 이용하는 화상통화 프로그램인 행아웃, 줌 프로그램 이용 방법에 대해서 간단하게 소개하고자 한다.

첫 번째로 구글에서 만들어진 화상통화 프로그램인 행아웃은 화상회의 목적으로 만들어진 미트와 달리 간단하게 화상통화를 할 수 있는 프로그램이다. 기본적으로 PC 환경에서 행아웃을 사용하기 위해 별도의 프로그램을 설치하지 않아도 된다. 우리가 인터넷을 이용하기 위해 사용하는 웹 브라우저를 통해서 화상통화를 할 수 있다는 점이 가장 큰 특징이다. 또한 조작하는 방법이 간단해서 누구나 쉽게 행아웃을 이용할 수 있다. 하지만 간단하게 이용할 수 있는 만큼 다양한 기능을 제공하지 않기 때문에, 행아웃은 '프로그램 설치 과정이 번거롭고 많은 기능이 필요 없는 경우'의 코치에게 권장하고 싶다.

두 번째로 소개할 화상통화 프로그램은 줌(ZOOM)이다. 줌은 정말 다양한 기능을 제공하고 있어, 언택트 시대에 가장 큰 주목을 받고 있다. 화상통화뿐만 아니라, 본인의 PC 화면을 공유하여 문서파일을 보여주면서 설명할 수 있고, 학생의 PC 화면을 공유 받아 학생이 궁금해하는 부분을 화면을 보면서 실시간으로 피드백 해줄 수 있다. 특히, 줌의 화면 공유 기능 중 화이트보드 기능은 칠판 기능을 구현해 놓아 각광받고 있다.

학생들이 어려워하는 문제를 손글씨로 보여주면서 학습코칭을 진행할 수 있고, 가상 배경과 같은 특별한 기능을 제공하고 있어, 화상 통화 시 카메라에 비춰지는 주변 환경 모습을 가릴 수 있다. 이 밖에도 줌에서 여러 가지 기능들을 제공하고 있기 때문에 '프로그램 하나로 많은 기능을 사용하기 원한다면' 줌 프로그램 이용을 권한다.

구 분	행아웃	줌
사용 시간	무제한	1대 1 무제한, 1대 그룹은 무료 40분
회의 참가 인원	25명	100명
프로그램 설치 여부	필요 없음	PC 프로그램 설치 필요
화면 공유기능	화면 공유 가능	화면 공유 및 화이트보드 공유 가능

❶ 행아웃

▶ 행아웃 접속 및 초대장 보내기

01 구글(www.google.com)에
접속하여 우측 상단에 메뉴
→ 행아웃을 클릭합니다.

02 좌측 상단에 있는 대화아이
콘 → 새 대화를 클릭합니다.

03 상대방의 구글 아이디를 입
력하여 초대장을 보냅니다.

▶ 초대장 받기

01 상대방의 계정에서 메뉴 →
초대를 클릭합니다.

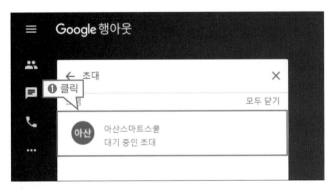

02 받을 초대장을 클릭합니다.

03 우측 하단에 대화창이 뜨며
채팅입력과 화상통화를 할
수 있습니다.

▶ 화상통화 중 채팅하기

01 화상통화에서 좌측 하단에 채팅 아이콘을 클릭합니다.

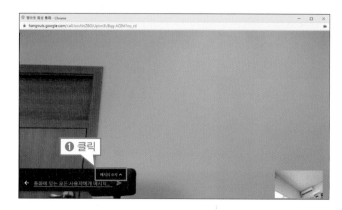

02 메시지 표시를 클릭합니다.

03 화상통화 중에 채팅을 할 수 있습니다.

▶ 화상통화 환경설정하기

01 화상통화 우측 상단 톱니바퀴 모양을 클릭합니다.

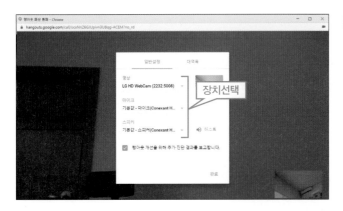

02 영상, 마이크 스피커가 정상적으로 동작하지 않는다면 일반설정 탭에서 본인이 사용하는 컴퓨터의 영상, 마이크, 스피커의 장치를 선택합니다.

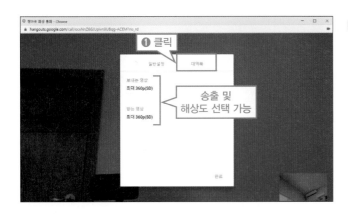

03 대역폭 탭을 클릭하여 보내는 영상과 받는 영상의 해상도를 본인 PC 환경에 맞게 설정합니다.

ⓘ 알아두세요

보내는 영상과 받는 영상의 해상도가 높을수록 더 선명한 영상으로 볼 수 있지만 그만큼 PC의 사양과 네트워크의 자원을 많이 할당합니다.

안심Touch

▶ 화상통화 그룹원 초대하기

01 화상통화 우측 상단 사용자 추가 버튼을 클릭합니다.

02 추가할 상대방의 구글 아이디를 입력 후 초대 버튼을 클릭하여 초대장을 보냅니다.

ⓘ 알아두세요

화상통화의 경우에는 최대 10명까지 동시에 화상통화를 할 수 있습니다. G Suite Business 및 G suite for Education의 경우에는 최대 25명까지 동시에 화상통화를 할 수 있습니다.

② ZOOM

▶ ZOOM 프로그램 다운로드 및 설치

01 zoom(zoom.us)에 접속합니다.

02 페이지 하단 회의 클라이언트를 클릭합니다.

03 다운로드를 클릭하여 설치합니다.

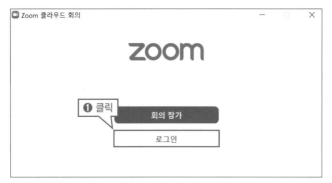

04 zoom 계정으로 로그인합니다.

▶ 연락처 추가하기

01 우측 상단 연락처를 클릭합니다.

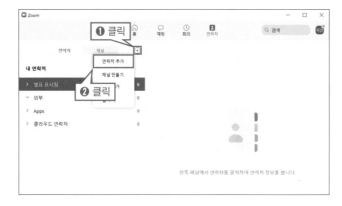

02 (+)버튼 → 연락처 추가를 클릭합니다.

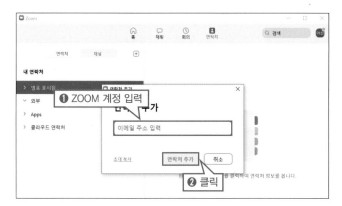

03 추가할 상대방의 zoom 계
정을 입력합니다.

04 확인을 클릭합니다.

▶ 연락처 요청 받기

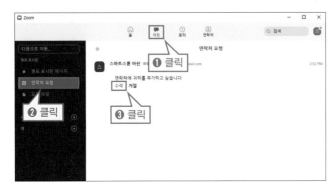

01 상대방 계정에서 채팅 → 연락처 요청을 클릭합니다. 요청된 연락처를 수락하여 받습니다.

▶ 채팅하기

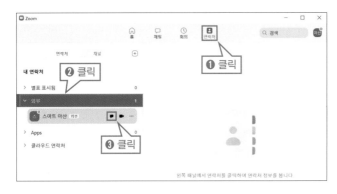

01 연락처 → 외부를 클릭하여 채팅할 상대방의 채팅 아이콘을 클릭합니다.

02 채팅 및 스크린샷 파일을 전송할 수 있습니다.

▶ 화상통화 걸기

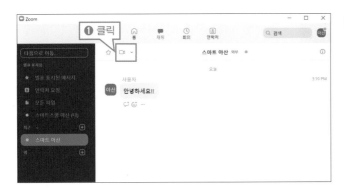

01 채팅창 좌측 상단에 화상통화를 클릭합니다.

02 상대방 계정에서도 수락 버튼을 클릭합니다.

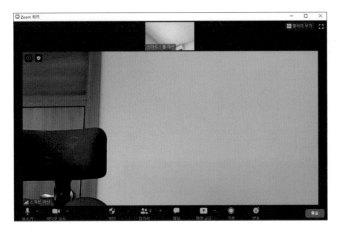

03 연결이 완료되면 화상통화를 할 수 있습니다.

▶ 화상통화 중 채팅하기

01 하단에 채팅을 클릭하면 우측에 채팅창이 열리며 채팅을 할 수 있습니다.

▶ 화면 공유하기

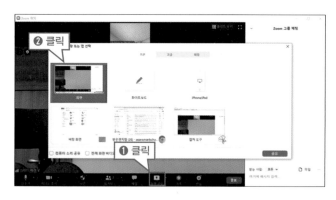

01 하단 화면 공유 버튼을 클릭합니다. 화면 공유할 프로그램이나 바탕화면을 클릭합니다.

02 선택된 화면이 공유가 되며 상단에 현재 화면의 공유 여부가 표시됩니다.

▶ 화이트보드 사용하기

01 하단 화면 공유 버튼을 클릭합니다. 화이트보드를 클릭합니다.

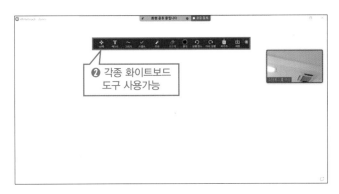

02 화이트보드 화면이 공유되며 각종 도구를 이용하여 화이트보드에 필기할 수 있습니다.

안심Touch

▶ 채널 만들기

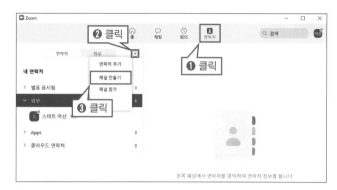

01 연락처 → (+)버튼 → 채널
만들기를 클릭합니다.

02 채널 이름을 입력하고 채널
만들기를 클릭합니다.

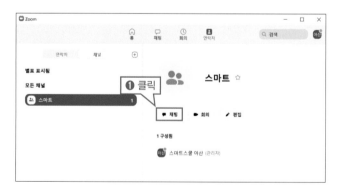

03 생성된 채널에서 채팅을 클
릭합니다.

▶ 채널 구성원 추가하기

01 우측 상단 추가정보(ⓘ)를 클릭합니다.

02 구성원 추가를 클릭합니다.

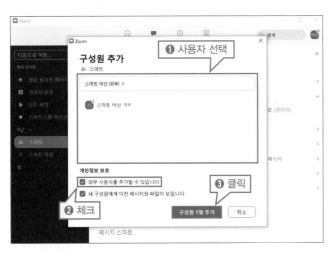

03 초대할 사용자를 선택한 후 하단에 '외부 사용자를 추가할 수 있습니다'를 체크합니다. 구성원 추가 버튼을 클릭하여 구성원을 추가합니다.

클라우드 서비스

학습코칭을 진행하다 보면 학생과 많은 자료를 주고받아야 하지만, 대면과 달리 언택트 학습 코칭은 이를 진행하기 쉽지 않다. 물론, 기존의 메일 등을 이용해 학생과 자료를 쉽게 주고받을 수 있지만, 이 책에서는 그중 자료를 손쉽게 공유할 수 있는 '클라우드 서비스' 활용 방법에 대해 소개하고자 한다. 지금은 클라우드 서비스가 많이 보급화되어 많은 사람들이 이용하고 있지만, 여전히 클라우드 서비스라는 단어가 생소하게 느껴지는 코치가 있을 수도 있다.

클라우드 서비스는 자료나 파일들을 인터넷에 저장해두고 본인이 필요할 때 인터넷이 되는 환경이라면 언제 어디서든 접근하여 자료나 파일을 열어볼 수 있는 시스템을 말한다. 인터넷상에 본인만의 저장 공간이 있는 셈이다. 예전에는 단순하게 인터넷상에 자료를 보관하고 다운로드해 볼 수 있는 정도의 기능을 주로 제공했지만, 요즘은 오피스 툴이나 동시 편집 등의 다양한 기능을 제공하고 있다. '구글 드라이브, 원드라이브, 네이버 클라우드, 드롭 박스' 등 다양한 클라우드 서비스가 있으며 이 책에서는 구글에서 만들어진 구글 드라이브와 마이크로소프트에서 만들어진 원 드라이브를 소개하고자 한다.

첫 번째로 구글에서 제공하는 구글 드라이브는 구글 계정만 있다면 누구에게나 무료로 15GB의 저장 공간을 제공한다. 또한 구글에서 무료로 제공하는 문서도구 툴을 이용하여, 문서를 작성할 수도 있다. 구글에서 제공하는 문서도구 툴로 작성한 문서의 경우, 구글 드라이브의 용량을 차지하지 않는다.

이에 따라서, 구글 드라이브 문서도구 툴로 작성하는 문서는 용량 제한 없이 무제한으로 생성할 수 있다는 점이 가장 큰 특징이다. 구글 드라이브에서 제공하는 구글 문서도구로 작성된 문서는 여러 편집자가 한 개의 파일을 동시에 접근하여 편집할 수도 있다. 편집된 내용이 실시간으로 반영되어 저장되고, 그 내용이 동시에 편집하고 있는 사람들에게 실시간으로 보여준다.

그렇기에, 언택트 학습 코칭에서 가장 중요하다고 생각하는 도구 중 하나라고 생각한다. 화상 통화 프로그램과 동시에, 구글 문서도구 툴로 작성된 문서를 학생과 코치 동시에 접근하여, 양식을 수정하거나 실시간으로 수정되는 문서를 보며 즉시 피드백을 할 수 있다. 구글에서 제공하는 문서도구 툴은 아직은 익숙한 툴이 아니기 때문에, 처음 사용하는 사람이라면 문서도구 툴을 사용하는데 조금은 어려움을 느낄 수 있다. 하지만, 기존에 사용하던 툴과 비슷하기 때문에, 조금만 익숙해진다면 누구나 쉽게 이용할 수 있다.

구글 드라이브에서 폴더를 공유하여 공유된 폴더에 학생과 코치가 자유롭게 파일을 업로드 및 다운로드하여 공유할 수 있고, 사용 용도에 따라 폴더에 권한을 지정하여 다운로드만 가능하게 하거나 특정 사용자만 접근하게 할 수도 있다.

두 번째로 마이크로소프트에서 제공하는 클라우드 서비스인 원드라이브에 대해서 소개하고자 한다. 원드라이브는 마이크로소프트 계정만 있다면 누구나 무료로 5GB의 저장 공간을 제공한다. 보통 MS 오피스에서 작성된 문서는 MS 오피스 프로그램을 구매하고 PC에 설치하여 해당 문서를 편집할 수 있지만, MS 오피스를 구매하지 않고 무료로 문서를 편집할 수 있다.

원드라이브에 업로드된 MS 오피스 문서파일을 원드라이브 내에서 직접 편집하면, 추가적인 MS 오피스를 설치할 필요 없이 무료로 문서를 편집할 수 있는 것이다. 구글 드라이브처럼 MS 오피스로 작성된 문서가 무제한으로 저장 가능한 것은 아니지만, MS 오피스가 워낙 대

안심Touch

중화되어 있어 학생과 코치 모두 익숙하게 문서를 만들고 수정할 수 있다는 점이 가장 큰 장점이다. 원드라이브에서도 공유 기능을 제공하고 있어, 파일이나 폴더를 공유하여 손쉽게 학생과 자료 공유가 가능하다. 더불어, 한 개의 문서를 동시에 편집할 수 있는 기능도 제공하고 있어, 편집된 내용이 실시간으로 저장되고 동시에 다른 사람들에게도 보여준다. 그렇기 때문에, 화상 통화를 하면서 MS 오피스로 작성된 문서를 학생과 선생님이 동시에 접근하여 수정하고 수정된 내용을 실시간으로 확인하여 피드백을 해줄 수도 있다.

구 분	구글 드라이브	원드라이브
기본 제공 용량	15GB	5GB
유료요금제 사용할 경우 (100GB)	월 2,400원	월 2,710원
문서 편집 툴	구글 문서도구 (구글 문서도구로 생성된 파일은 제한 생성 가능)	MS 오피스 (원드라이브 용량 범위 안에서 파일 생성 가능)
공유기능	가 능	가 능

❶ 구글 문서도구

▶ 구글 드라이브 구성

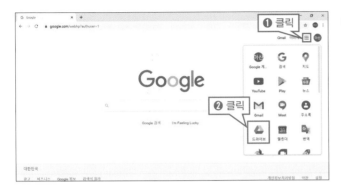

01 구글(www.google.com)에 접속하여 우측 상단에 메뉴 → 드라이브를 클릭합니다.

02 좌측 상단에 보이는 메뉴에서 주로 사용될 부분은 내 드라이브와 공유 문서함입니다. 내 드라이브는 내가 소유한 파일들이 모여 있는 곳입니다. 공유 문서함은 상대방에게 공유 받은 문서들이 모여 있는 곳입니다.

▶ 구글 문서 생성하기

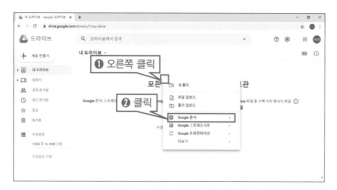

01 내 드라이브의 빈 공간에서 오른쪽 클릭하여 각종 구글 드라이브에서 지원하는 문서도구를 이용하여 문서를 작성할 수 있습니다. 사용 예시를 위해 구글 문서를 클릭하여 생성합니다.

02 각종 양식들을 구글에서 무료로 제공하는 문서, 스프레드시트, 프레젠테이션, 설문지 등의 툴로 작성할 수 있습니다.

▶ 저장하기

01 구글에서 제공하는 오피스 툴은 온라인에 연결되어 있다면 실시간으로 저장하기 때문에 따로 저장 버튼이 없습니다. 따라서 상단 중앙에 언제 수정했는지 여부를 알 수 있는 문구가 있습니다.

02 현재 문서가 정확하게 저장이 되었는지를 알고 싶다면 좌측 상단 저장 아이콘을 클릭하여 문서의 저장 상태를 확인할 수 있습니다.

안심Touch

▶ 공유하기 1(추가된 사용자만 공유)

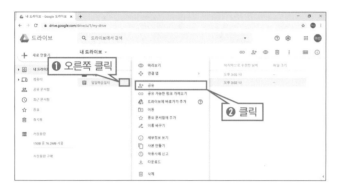

01 생성된 문서를 오른쪽 클릭 → 공유 버튼을 클릭합니다.

02 상대방의 계정을 입력합니다.

03 입력된 상대방의 계정을 클릭합니다.

04 보내기 버튼을 클릭합니다.

05 공유아이콘이 생성되며 공유 여부를 확인할 수 있습니다.

안심Touch

▶ 공유하기 2(링크가 있는 모든 사용자 공유)

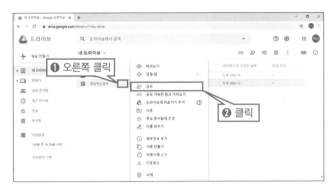

01 문서를 오른쪽 클릭 → 공유 버튼을 클릭합니다.

02 링크가 있는 모든 사용자로 변경을 클릭합니다.

03 링크가 있는 모든 사용자에게 배포할 수 있는 상태로 전환되며 우측 하단 뷰어를 클릭하여 수정권한을 선택할 수 있습니다.

04 수정 권한은 뷰어, 댓글 작성자, 편집자로 문서의 용도에 맞게 선택하여 사용합니다.

05 링크 복사를 클릭하여 해당 링크를 배포하면 구글 계정이 없어도 위 링크가 있는 모든 사용자는 해당 문서에 접근할 수 있습니다.

▶ 공유하기 3(추가된 사용자만 공유하도록 제한하기)

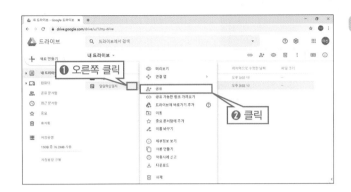

01 링크가 있는 모든 사용자에게 공개가 된 문서를 제한된 사용자만 사용하도록 하기 위해 해당 문서를 오른쪽 클릭 → 공유 버튼을 클릭합니다.

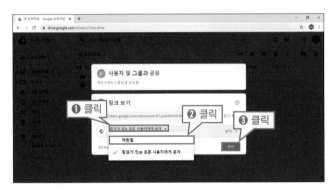

02 링크가 있는 모든 사용자에게 공개를 클릭하여 제한됨을 클릭합니다. 완료 버튼을 클릭합니다.

▶ 공유 받은 문서 확인하기

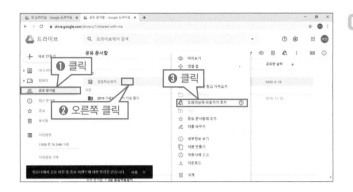

01 공유 받은 사용자의 구글 계정으로 로그인하고, 구글 드라이브의 공유 문서함을 클릭하여 공유 받은 문서를 확인할 수 있습니다. 공유 받은 문서를 오른쪽 클릭 → 드라이브에 바로가기 추가를 클릭하여 내 드라이브에 바로가기를 추가할 수 있습니다.

▶ 실시간으로 동시에 편집하기

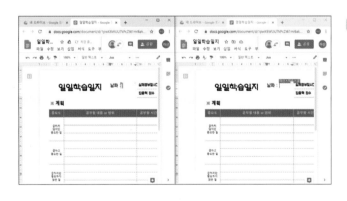

01 구글 드라이브에서 제공하는 문서도구로 작성된 문서들은 최대 10명까지 동시에 편집이 가능합니다. 따라서 수정된 내용이 실시간으로 반영되기 때문에 원격으로 화상 통화를 하면서 계획서와 같은 문서의 내용을 실시간으로 확인하며 피드백이 가능합니다.

▶ 원드라이브 구성

01 원드라이브(onedrive.live.com)에 접속하여 로그인합니다.

02 좌측 상단에 보이는 메뉴에서 주로 사용될 부분은 내 파일과 공유됨입니다. 내 파일은 내가 소유한 파일들이 모여 있는 곳입니다. 공유됨은 상대방에게 공유 받은 문서들이 모여 있는 곳입니다.

▶ 워드 생성방법

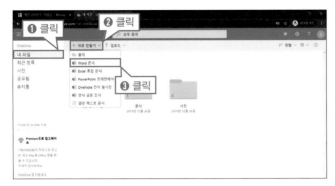

01 내 파일 → 새로 만들기 → Word 문서를 클릭하여 문서를 생성합니다.

02 각종 양식들을 마이크로소프트에서 무료로 제공하는 워드, 엑셀, 프레젠테이션 등의 툴로 작성할 수 있습니다.

▶ 워드 제목 변경하기

01 좌측 상단 문서1 → One-Drive에 저장됨을 클릭하여 문서의 제목을 변경 후 엔터를 입력합니다.

▶ 워드 저장방법

01 MS오피스 웹버전의 저장 방법은 사용자가 편집을 하게 되면 자동으로 저장됩니다. 저장 여부를 확인하는 방법은 좌측 상단 문서 제목 오른쪽에 저장 여부가 표시됩니다.

▶ 공유하기 1(링크가 있는 모든 사용자 공유)

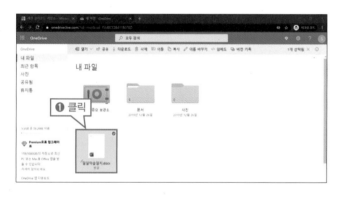

01 원드라이브에서 공유할 문서를 클릭합니다.

02 좌측 상단 공유를 클릭 후 링크가 있는 '모든 사용자가 편집할 수 있습니다.'를 클릭합니다.

03 링크가 있는 모든 사용자를 클릭한 후 기타 설정을 용도에 맞게 설정하고 적용 버튼을 클릭합니다.

04 링크 복사를 클릭합니다.

05 복사 버튼을 클릭합니다. 복사된 링크를 공유 받을 사용자에게 전송합니다.

안심Touch

▶ 공유하기 2(추가된 사용자만 공유)

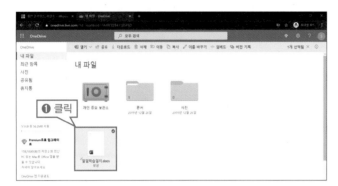

01 원드라이브에서 공유할 문서를 클릭합니다.

02 좌측 상단 공유를 클릭 후 링크가 있는 '모든 사용자가 편집할 수 있습니다.'를 클릭합니다.

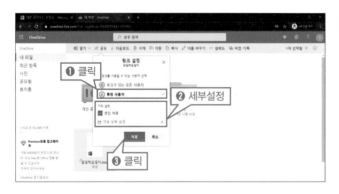

03 특정 사용자를 클릭한 후 기타 설정을 용도에 맞게 설정하고 적용 버튼을 클릭합니다.

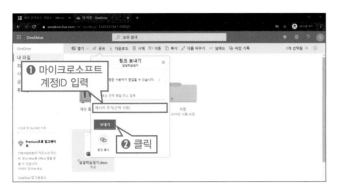

04 공유 받을 사용자의 ID를 입력하고 보내기 버튼을 클릭합니다.

▶ 받은 공유 문서 확인하기

01 원드라이브에서 좌측에 있는 공유됨을 클릭하여 공유 받은 문서를 확인할 수 있습니다.

▶ 실시간으로 동시에 편집하기

01 동시에 수정된 내용이 실시간으로 반영되기 때문에 원격으로 화상 통화를 하면서 계획서와 같은 문서의 내용을 실시간으로 확인하며 피드백이 가능합니다.

안심Touch

LESSON 03

카카오톡

많은 사람들이 이용하는 메신저 프로그램 카카오톡은 이미 문자를 대체했다고 생각될 정도로 그 영향력이 크다. 카카오톡에는 우리가 사용하는 연락 수단의 방법 외에도, 다양한 기능들이 포함되어 있어서 언택트 학습코칭에 활용하기에 유용하다. 인터넷을 통해 특정 서비스를 이용하려면 보통 해당 서비스를 가입하는 절차와 프로그램을 설치하는 절차가 필요하지만, 카카오톡은 대한민국에서 문자를 대체할 정도로 대중화가 되어있는 프로그램이다 보니 가입이나 프로그램 설치를 권유하는 일은 흔하지 않다.

즉 프로그램 접근성에 있어서는 매우 뛰어나다고 볼 수 있다. 많은 사람들이 카카오톡을 사용하고 있기 때문에, 카카오톡 아이디나 휴대폰 전화번호를 통해 보다 쉽게 친구 추가를 할 수 있다는 점도 장점이다. 또한, 언택트 학습코칭에서 일괄적으로 학생들에게 안내해야 되는 일이 발생할 경우, 카카오톡에서는 1대1 채팅기능 이외에 여러 사람들을 한 개의 채팅방에 초대하는 그룹채팅방을 통해 일괄적으로 공지할 수 있다. 나아가, 모두가 알면 좋은 일정 등을 톡 캘린더 기능을 사용하여 안내하며, 학생의 학습 일정을 관리할 수 있다.

톡 캘린터 기능을 사용한다면, 등록된 일정은 선택한 알림 설정에 맞춰 자동적으로 그룹채팅방에 있는 학생들에게 일괄 알림을 보낼 수도 있다. 전화번호를 모르는 학생에게 전화를 해야 되는 상황에 보이스톡으로 통화할 수도 있고, 화상통화 프로그램인 페이스톡을 통해

zoom, 행아웃 등을 대체할 수도 있다. 뿐만 아니라, 잼보드 대신 카카오톡에서 지원하는 라이브톡 기능을 활용하여, 한 사람이 그룹채팅방에 있는 사람들에게 방송을 통해 실시간으로 문제를 풀어주는 등의 기능을 수행할 수 있다.

▶ 카카오톡 다운로드 및 설치

01 카카오톡(www.kakaocorp.com/service/KakaoTalk)에 접속하여 화면 우측 상단 다운로드를 클릭하여 설치파일을 다운로드 받습니다.

02 다운받은 설치 파일을 실행합니다.

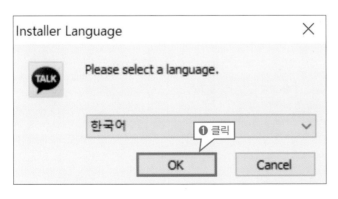

03 OK 버튼을 클릭합니다.

안심Touch

04 다음 버튼을 클릭합니다.

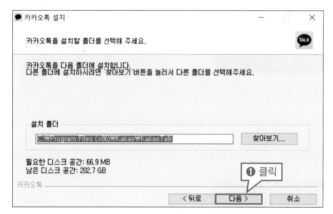

05 설치 폴더를 확인하고 다음 버튼을 클릭합니다.

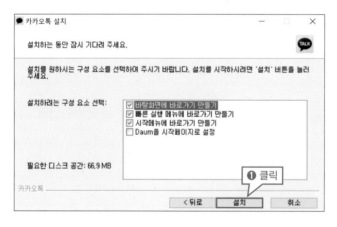

06 필요한 구성 요소를 선택한 후 설치 버튼을 클릭합니다.

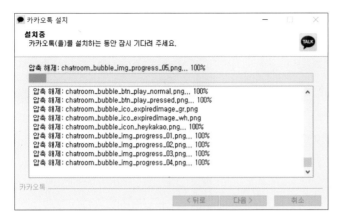

07 PC 환경에 따라 설치하는
데 몇 분이 소요될 수 있습
니다.

08 마침 버튼을 클릭합니다.

09 계정 및 비밀번호를 입력
후 로그인을 클릭합니다.

▶ 친구 추가하기

01 우측 상단 친구 추가 버튼을 클릭
합니다.

02 연락처로 추가를 클릭하고 상대방
의 이름과 전화번호를 입력합니다.
우측 하단 친구 추가 버튼을 클릭
합니다.

03 전화번호가 아닌 카카오톡 ID를 알
고 있다면 ID 추가를 클릭하여 계
정을 검색하여 추가할 수 있습니다.

▶ 채팅하기

01 화면 좌측 상단 친구를 클릭 후 이름을 검색합니다. 채팅하려는 상대방을 목록에서 찾아 더블클릭합니다.

02 화면 하단 채팅란에 채팅을 입력 후 전송 버튼을 클릭합니다.

안심Touch

▶ 파일 전송하기

01 채팅창 하단 파일 전송을 클릭합니다.

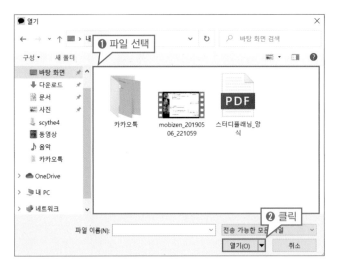

02 원하는 파일을 선택 후 열기 버튼을 클릭합니다.

▶ 톡 캘린더 사용하기

01 채팅창 하단 캘린더 버튼을 클릭합니다.

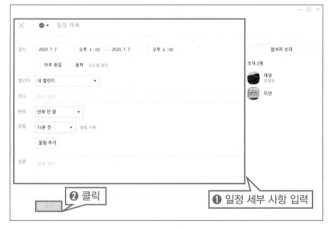

02 공유할 일정의 세부사항을 입력 후 저장 버튼을 클릭합니다.

▶ 페이스톡 사용하기

01 채팅창 하단 무료통화 → 페이스톡
을 클릭합니다.

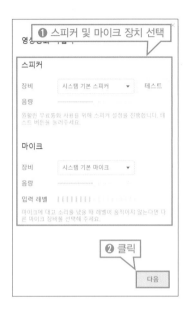

02 본인 PC의 스피커와 마이크 장치
를 선택 후 다음을 클릭합니다.

03 본인 PC의 카메라를 선택 후 완료
를 클릭합니다.

04 상대방이 페이스톡을 수락하면 정상
적으로 연결 됩니다.

▶ 라이브톡 사용하기(모바일 환경)

01 그룹채팅에서 좌측 하단에 있는 (+)버튼을 클릭합니다.

02 라이브톡 버튼을 클릭합니다.

03 하단에 있는 라이브톡 시작을 클릭합니다.

04 그룹채팅방에 있는 구성원들에게 스트리밍이 진행됩니다.

안심Touch

LESSON 04

소셜 네트워크 서비스

'페이스북, 인스타그램, 트위터, 네이버 밴드' 등 소셜 네트워크 서비스는 누구에게나 익숙하다. 인터넷을 통해서 친구, 선후배, 동료, 지인 등 인맥을 형성하고 친밀하게 다가갈 수 있도록 만드는 서비스인 것이다. 학습코칭에 참여하는 학생들이 소셜 네트워크 서비스를 통해, '공부'라는 키워드로 인맥을 형성한다면, 앞서 살펴본 Youtube의 'study with me'나 인스타그램의 '공스타그램'처럼 동기 부여에 시너지를 낼 수 있다.

소셜 네트워크 서비스를 제공하는 업체에 따라 기본적인 성격은 같지만, 모임의 구분 없이 여러 인맥을 형성하는 서비스가 많기 때문에 공부만 관련된 인맥을 형성하기에는 다소 어려움이 있다. 이 책에서는 소셜 네트워크 서비스 중에서 '네이버 밴드'를 통해, 학생의 일상을 관리할 수 있는 방법에 대해 소개하고자 한다.

네이버 밴드는 다른 소셜 네트워크 서비스와 다르게, 특정한 키워드로 밴드를 생성해 특정 목적성을 가진 사람들의 인맥을 형성할 수 있다. 공부에 관련된 밴드를 개설할 수 있고, 밴드의 운영방법에 따라 공개나 비공개 등으로 밴드의 성격을 정할 수도 있다.

예를 들어, 코치가 관리하는 학생들끼리 인맥을 형성하고 싶은 경우 비공개 밴드로 개설하고 밴드에 학생들을 초대하여 밴드를 운영하는 방법을 예를 들 수 있다. 밴드 멤버들에게 일정을 공유하여 모의고사와 같은 학생들이 다 같이 알면 좋은 일정들을 공유할 수 있다. 더불어, 네이버 밴드에서 미션을 생성하게 되면 학생들이 정해진 목표와 정해진 일정에 따라 목표 달성 여부를 인증하는 글을 작성하여 업로드할 수 있어, 학생들이 서로 인증글을 올리면서 자극을 받을 수도 있다. 종종 학생이 작성한 미션 인증글이, 코치 관점에서는 미흡하게 느껴질 수도 있다. 이때는 미흡한 부분에 대해서 학생이 충분히 이해하고 참고할 수 있도록, 인증글 내에 댓글 기능을 활용하여 피드백을 해줄 수도 있다. 이처럼 소셜 네트워크 서비스를 잘 활용할 수 있다면, 언택트 학습코칭을 진행하는데 많은 도움이 될 것으로 생각한다.

❶ 네이버 밴드

▶ 밴드 만들기

01 네이버 밴드(band.us/home)에 접속하여 밴드 만들기를 클릭합니다.

02 학습 관련된 밴드를 개설하기 위해 스터디를 클릭합니다.

03 개설하고자 하는 밴드의 이름을 입력합니다.

04 밴드 공개 여부에서 '비공개 밴드'를 클릭하고 완료 버튼을 클릭합니다.

▶ 멤버 초대하기

01 멤버 → 멤버 초대하기 버튼을 클릭합니다.

02 초대링크 공유하기를 클릭합니다.

03 URL 복사하여 초대할 상대방에게 전송합니다.

▶ 밴드 초대장 받기

01 초대 링크에 접속하여 초대
장 바로 확인을 클릭합니다.

02 수락 버튼을 클릭합니다.

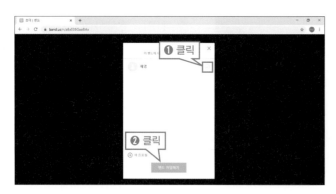

03 본인이 사용할 닉네임을 선
택한 후 밴드 가입하기를
클릭합니다.

04 환영 메시지와 함께 밴드
가입이 완료 되었습니다.

▶ 일정 공유하기

01 화면 상단에 일정을 클릭하여
일정 만들기를 클릭합니다.

02 일정 세부내용을 입력하고
완료 버튼을 클릭합니다.

03 멤버들에게 일정을 공유하고 공유 받을 수 있습니다.

▶ 사진 첨부하기

01 게시글 편집하는 곳 하단에 있는 사진 버튼을 클릭합니다.

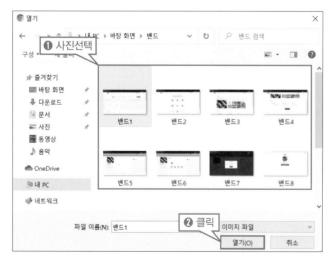

02 업로드 할 사진을 선택 후 열기 버튼을 클릭합니다.

03 첨부하기 버튼을 클릭합니다.

04 게시 버튼을 클릭합니다.

▶ 동영상 첨부하기

01 게시글 편집하는 곳 하단에 있는 동영상 버튼을 클릭합니다.

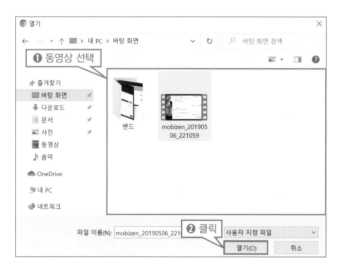

02 업로드 할 동영상을 선택 후 열기 버튼을 클릭합니다.

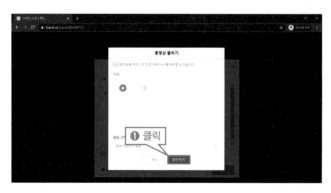

03 첨부하기 버튼을 클릭합니다.

04 게시 버튼을 클릭합니다.

▶ 파일 첨부하기

01 게시글 편집하는 곳 하단에
있는 파일 버튼을 클릭합니다.

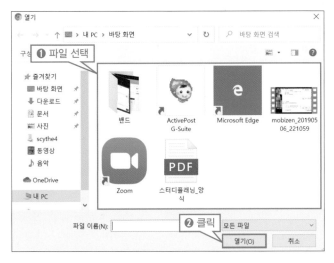

02 업로드 할 첨부파일을 선택
후 열기 버튼을 클릭합니다.

▶ 미션 설정하기

01 밴드 설정을 클릭합니다.

02 미션 인증 설정의 변경 버튼을 클릭합니다.

03 미션 만들기 버튼을 클릭합니다.

04 미션의 세부내용을 입력합니다.

05 완료 버튼을 클릭합니다.

06 설정한 미션 일자부터 멤버들이 미션에 참여할 수 있습니다.

안심Touch

▶ 미션 인증하기

01 인증글 쓰기 버튼을 클릭합니다.

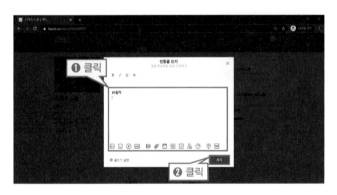

02 사진, 동영상, 파일 첨부 기능을 이용하여 인증글을 작성합니다.

▶ 미션 인증 확인하기

01 진행 중인 미션을 클릭합니다.

02 멤버 현황을 클릭합니다.

03 원하는 정렬 방식으로 인증한 멤버들을 정렬할 수 있습니다.

안심Touch

04 확인하고자 하는 멤버를 클릭합니다.

05 인증여부를 날짜별로 볼 수 있으며 세부내용을 확인하기 위해 날짜를 클릭합니다.

06 작성된 인증글을 확인할 수 있습니다.

LESSON 05

디지털 화이트보드

언택트 학습코칭을 한다면 학생들을 직접보고 학습코칭을 하는 게 아니기 때문에, 칠판에 무언가를 적어가면서 설명하기가 쉽지 않다. 이러한 한계를 극복하기 위해, 인터넷을 통해 판서를 하여 작성된 내용이 실시간으로 학생들에게 보이는 '디지털 화이트보드'라는 서비스가 현존한다. 이 서비스는 많은 업체에서 제공하는 기능이 아니기 때문에, 이 책에서는 구글에서 제공하는 디지털 화이트보드 서비스인 '잼보드'에 대해서 소개하고자 한다.

잼보드는 인터넷 공간에 있는 화이트보드라고 생각하면 상상하기 쉽다. 구글에서 제공하는 클라우드 서비스인 구글 드라이브에서 잼보드 파일을 생성할 수 있다. 구글 드라이브 용량과 관계없이 무제한으로 생성할 수 있고, 여러 명의 동시 편집자가 화이트보드에 손글씨를 작성할 수 있다. 또한, 손글씨를 작성한 내용은 실시간으로 모두에게 공유되고, 심지어 글자의 한 획을 긋는 순서와 속도까지 보여주며 누가 그 글씨를 작성하고 있는지까지 한눈에 볼 수 있다.

그래서 잼보드를 사용하다 보면, 칠판에 판서를 하는 것과 같은 유사한 느낌을 준다. 마우스로 손글씨를 작성할 수도 있지만 마우스의 특성상 손글씨를 작성하기 불편하기 때문에, 잼보드를 사용하고자 한다면 디지털 펜을 사용하는 것을 추천한다. 태블릿 PC나 노트북에서 사용 가능한 디지털 펜을 이용하여 잼보드를 사용한다면, 보다 쉽게 잼보드를 활용할 수 있다.

안심Touch

손글씨뿐만 아니라 필요에 따라서 잼보드에 이미지를 넣을 수도 있다. 잼보드와 화상통화 프로그램을 같이 이용한다면, 실시간으로 잼보드에 판서되는 내용을 화상통화 프로그램으로 설명하면서 학생이 궁금한 점을 즉시 피드백할 수도 있다.

❶ 잼보드

▶ 잼보드 생성하기

01 구글(www.google.com)에 접속하여 우측 상단에 메뉴 버튼을 클릭합니다.

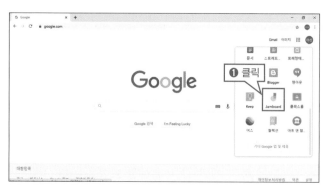

02 아래로 스크롤하여 Jamboard를 클릭합니다.

03 우측 하단 (+) 버튼을 클릭
합니다.

04 생성된 잼보드가 표시됩니다.

▶ 잼보드 도구 구성

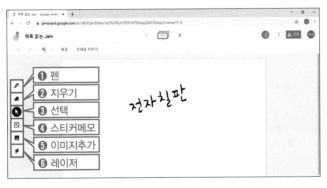

01 좌측에 있는 도구모음 구성
은 펜, 지우기, 선택, 스티
커메모, 이미지추가, 레이
저가 있습니다.

▶ 스티커 메모 추가하기

01 좌측에 있는 스티커 메모를 클릭합니다.

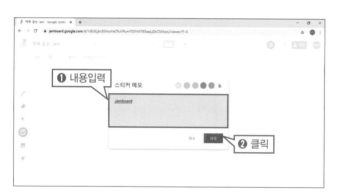

02 내용부분을 클릭하여 원하는 내용을 입력 후 저장 버튼을 클릭합니다.

03 생성된 스티커 메모를 원하는 위치에 배치합니다.

▶ 이미지 추가하기

01 좌측 하단에 있는 이미지를 클릭합니다.

02 첨부할 이미지를 드래그하여 업로드 후 선택 버튼을 클릭합니다.

03 첨부된 이미지를 원하는 위치에 배치합니다.

안심Touch

▶ 레이저 사용하기

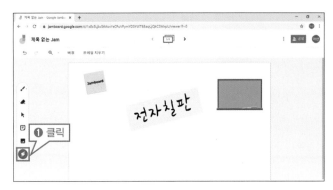

01 좌측 하단 레이저를 클릭합니다.

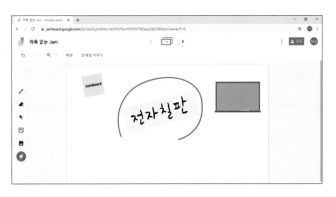

02 원하는 위치에 드래그하여 레이저 포인트로 사용할 수 있습니다.

▶ 공유하기 1(추가된 사용자만 공유)

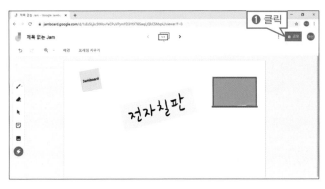

01 우측 상단 공유버튼을 클릭합니다.

02 공유 받을 사용자의 계정을
입력합니다.

03 공유 받을 사용자의 계정을
클릭합니다.

04 보내기를 클릭합니다.

▶ 공유하기 2(링크가 있는 모든 사용자 공유)

01 우측 상단 공유버튼을 클릭합니다.

02 하단에 링크가 있는 모든 사용자로 변경을 클릭합니다.

03 링크복사를 클릭하여 상대방에서 전송합니다.

안심Touch

좋은 책을 만드는 길
독자님과 함께하겠습니다.

도서나 동영상에 궁금한 점, 아쉬운 점, 만족스러운 점이
있으시다면 어떤 의견이라도 말씀해 주세요.
시대인은 독자님의 의견을 모아 더 좋은 책으로 보답하겠습니다.

www.edusd.co.kr

우리 아이 공부습관을 키워주는 언택트 학습코칭

초 판 발 행	2020년 11월 05일 (인쇄 2020년 09월 29일)
발 행 인	박영일
책 임 편 집	이해욱
저 자	서미연(면쌤)
감 수	김시형 · 정재영
편 집 진 행	김준일 · 김은영 · 이경민
표지디자인	박수영
편집디자인	임아람 · 안아현
발 행 처	시대인
공 급 처	(주)시대고시기획
출 판 등 록	제 10-1521호
주 소	서울시 마포구 큰우물로 75 [도화동 538 성지 B/D] 9F
전 화	1600-3600
팩 스	02-701-8823
홈 페 이 지	www.edusd.co.kr
I S B N	979-11-254-8143-0 (13370)
정 가	16,000원